林徽因的女人哲学

—— 修炼爱情的悲欢

张熙妍 ◎ 著

台海出版社

图书在版编目(CIP)数据

林徽因的女人哲学：修炼爱情的悲欢 / 张熙妍著. —北京：
台海出版社,2016.12

ISBN 978-7-5168-1229-7

Ⅰ.①林… Ⅱ.①张… Ⅲ.①林徽因(1904–1955)–人物研究
②女性–人生哲学–通俗读物 Ⅳ.①K826.16②B821-49

中国版本图书馆 CIP 数据核字(2016)第 302994 号

林徽因的女人哲学：修炼爱情的悲欢

著　者:张熙妍

责任编辑:王　品

装帧设计:芒　果　　　　　　版式设计:通联图文

责任校对:化莹莹　　　　　　责任印制:蔡　旭

出版发行:台海出版社

地　址:北京市东城区景山东街 20 号　　邮政编码：100009

电　话:010-64041652(发行,邮购)

传　真:010-84045799(总编室)

网　址:www.taimeng.org.cn/thcbs/default.htm

E-mail:thcbs@126.com

经　销:全国各地新华书店

印　刷:北京鑫瑞兴印刷有限公司

本书如有破损、缺页、装订错误,请与本社联系调换

开　本:640mm×960 mm　　　　　1/16

字　数:200 千字　　　　　　印　张:17

版　次:2017 年 3 月第 1 版　　印　次:2017 年 3 月第 1 次印刷

书　号:ISBN 978-7-5168-1229-7

定　价:39.00 元

1

在古今中外的才女史上，林徽因是朵亮丽的奇葩。从始至终，都是那么婀娜多姿，令人驻足观赏，离开后又回味无穷。

她是冰心眼中的"美丽的女子"，是胡适眼中的"第一才女"，是沈从文眼中的"绝顶聪明的小姐"……其实，林徽因的容貌绝对不是天下无双的，她的智慧也绝对不是古今中外历史上女人世界里顶尖的，但唯有她，让大诗人徐志摩念想一生；让梁启超之子梁思成宠爱一生；让大哲学家金岳霖孑然一身记挂一生；也不知让多少后来的男子仰慕其一生。

有人说，比林徽因漂亮的女子没有她有才，比她有才的女子没有她漂亮，而既漂亮又有才的女子大多是交际花。

但，她同时，还是中国功绩卓著的女性建筑家，是中华人民共和国国徽设计的参与者，是人民英雄纪念碑的设计者之一，是传统景泰蓝工艺的拯救者。

她傲然于世，关注自我，坚守信仰。她亦是一位富有才情的作家，一生写了许多令人回味无穷的散文、诗歌。她的小说、剧本、译文与书信，曾让无数人玩味。

她以花为容，诗为骨，智为魂，无论时代如何更迭，世事如何变迁，她都拥有莲花般的雅致，清新、美丽、坦荡、淡然、坚强、独立、坚守信念、理智且富有诗情地在人生舞台上，演绎着属于自己的华丽篇章，成为时代天空中一颗璀璨耀眼的"启明星"。

2

不可否认，林徽因是众人眼中的传奇，亦是当今男人心目中的一个理想符号。从古至今，很少有像林徽因那样的女子：活着的时候被众多人仰望和爱慕；离开后，仍有人寻觅她的足迹，抒写她的故事。

她是三个著名的爱情故事的女主角：一个是与徐志摩共同出演的青春感伤片，浪漫诗人对她痴狂，并开中国现代离婚之先河；一个是和梁思成这个名字并置在一起的婚恋正剧，建筑学家丈夫视她为不可或缺的事业伴侣和灵感的源泉；另外，还是一个悲情故事的女主角，她中途退场，逻辑学家金岳霖因她不婚，用大半生的时间"逐林而居"，将单恋与怀念持续终生。

她只活了51岁，但她的生命灿烂而且夺目。她是一个站在塔尖上的女人，集美丽、才华、家世于一体，她有爱情有事业有婚姻，当今女性所渴求的一切她都拥有。这样一个近乎完美的女人，实在是令世人惊叹——世上有一种美总是让人难以忘怀，纵然已被时光覆盖，那斑驳的历史，仍然难掩她那璀璨耀眼的光辉。

3

本书以林徽因丰富的人生经历为蓝本，从她的性格、气质、修养、品位、爱情、婚姻、人生观、价值观等方面入手，还原了一个才华横溢的世间奇女子的精彩生活，将她多姿多彩的一生展示于读者的面前，为处在人生不同阶段的女性做悉心的生活指导。

我们来读一读她的文字，听一听她的故事，也学一学林徽因的女人哲学——教你如她聪慧独立、如她率真坦诚、如她执著坚韧……如她一样，为自己谱写一个如夏花般绚烂的人生。

打开本书，她不再是不食人间烟火、不可触碰的，她和她的过往就在我们的眼前，她的感性与理性，她的明朗与消沉，就在此刻，尽显眼前。

她轻柔地提醒世间所有热爱生命、热爱美好生活的女性——花红不为争春，春自艳，花开不为引蝶，蝶自来。努力修炼自己、完善自己吧！让你的性情更优雅，让你的心灵更平和，让你的生活更美满。

记得，你是一树一树的花开，是燕在梁间呢喃——你是爱，是暖，是希望，你是人间的四月天！

目 录
CONTENTS

第二章

修炼自我——你若盛开，蝴蝶自来　　/ 25

林徽因说："温柔要有，但不是妥协，我们要在安静中，不慌不忙地坚强。"温柔是有度的，而刚强则是不可逾越的底线，无论在什么样的境况下。

第三章

修炼爱情——像林徽因那样智慧的爱　　/ 51

有三个著名的爱情故事几乎妇孺皆知，都是那么的荡气回肠，而三个故事却拥有共同的女主角，她就是林徽因，这个集美丽与智慧一身的女人。

第四章

修炼婚姻——像林徽因那样与他并肩　　/ 77

可以说，是林徽因用自己的坦诚换来了丈夫的理解和宽容，丈夫亦用他开阔的胸襟和坦荡无私换来了她至真不渝的爱。

第五章

修炼梦想——像林徽因那样做个有价值的女人　　/ 103

除了诗歌文艺外，作为中国建筑学的开拓者，林徽因在这个领域发挥了极大的个人价值。要做林徽因一般的女人，就要努力做一个有价值的女人。

第六章

修炼人际——林徽因和她的"客厅" / 131

20世纪30年代，在北平有一个客厅，那里"谈笑有鸿儒，往来无白丁"，它是那样的吸引世人的目光，那就是林徽因的"客厅"。

第七章

修炼自信——像林徽因那样做真正的自己 / 155

这个聪慧灵动的女子，将自己化作一尾鱼，游弋在珊瑚丛般的男人世界里，她始终婉转自如，是一道最为亮丽的风景。因为她懂得，真正的爱情不是"低到尘埃里"，也不是高到云天之上，而是以最优雅的姿态做真正的自己。

第八章

修炼浪漫——在风花雪月与柴米油盐中穿行　　/ 183

　　曾有人如此评价林徽因的选择：她选择了一栋稳固的房子，而没有选择一首颠簸的诗。与徐志摩在一起享受了风花雪月的浪漫，又与梁思成在一起，体悟到了志同道合的默契。

第九章

修炼微笑——让心灵天空随之晴朗　　/ 209

　　林徽因在《新月诗选》上发表经典诗作——《笑》，与其说是一首诗，不如说是对她自己心理状态的一种描述，那是她自己纯美的笑，也是她对人生的笑。

第十章

修炼底蕴——林徽因的女人哲学　　/ 233

作为女人，她应该说是做到极致了，似乎我们普通的女子难以望其项背，但这并不妨碍我们学习她的优雅和才情，即便是完美的影子，或许也会为我们的人生增色不少。

第一章

修炼美丽
——你是人间的四月天

林徽因的容貌，不是天下无双，但唯有她，让大诗人徐志摩念想一生；让梁启超之子梁思成宠爱一生；让大哲学家金岳霖孑然一身记挂一生；也不知让多少后来的男子仰慕其一生。

1.修炼过后的美丽，才能独树一帜

开阔的胸怀、绝顶的聪明、出众的才华、丰富的阅历、岁月的磨砺，这样一股内在的精神画卷，才是一种大家的从容、宁静、谐和之气，一种不怕红颜褪尽，可以穿越岁月磨蚀的圣洁之美。

林徽因秀外慧中、多才多艺、才貌双全，是美貌与智慧并存的鲜有化身。林徽因的容貌，既秉有大家闺秀之风度、江南女子之秀气，又有着中国传统女性所稀有的独立精神和现代气质，而智慧就更不用说了。

林徽因的容貌绝对不是天下无双的，她的智慧也绝对不是古今中外历史里顶尖的，但唯有她，让大诗人徐志摩想念一生；让梁启超之子梁思成宠爱一生；让大哲学家金岳霖记挂一生；也不知让多少后来的男子仰慕其一生。

有人说，比林徽因漂亮的女子没有她有才，比她有才的女子没有她漂亮，而既漂亮又有才的女子大多是交际花。在文学创作史上，漂亮的女作家的确不多，有一种说法是，漂亮的女子多陶醉于自身姿色，光凭漂亮的容貌就会有无数名士达人围绕左右，衣食无忧，白白让自己的容貌成为掘取人生财富的资本，而没有像林徽因那样驾上智慧的翅膀，从而让人生大放异彩。

林徽因的智慧处处可见。她是中华人民共和国国徽的主要设计者之一，人民英雄纪念碑图案的主要设计者之一，且为抢救民族工艺品景泰蓝做出了不懈努力。身为一个大国的顶级建筑师，任何一项成就都足以让她名垂青史，更不用说她在诗作方面的成就了。

林徽因，20岁就以卓越的才华闻名于北京上层文化圈，她业余创作出的文学作品甚至都超过了专业水准，其题材更是涉及诗歌、散文、小说、戏剧多个领域，在当时的作家圈中声名大作。显然，她是个既有容貌也有智慧的女子，在她的一生中，没有人能够轻视她的存在。

如果林徽因没有姣好的容貌，缘何会让风流诗人徐志摩那么狂热地迷恋她呢？即便是情人眼里出西施，一个十几岁的女子除去青春的活力，恐怕就是容貌不凡使然吧。而林徽因也绝对不是仅有姿色而已，更多的还是有一种内在气质的流露。

王贵祥在《林徽因先生在宾夕法尼亚大学》中讲到一个美国女孩心目中的林徽因是"一位高雅的、可爱的姑娘，像一件精美的瓷器"。当时在美国留学的林徽因，正值青春年华，如此形容，虽简练却也形象传神。

不仅青涩时代如此，结婚生子后的林徽因也依旧是容光不变。有文为证。郭心晖女士形容说："1932年或1933年，林徽因到贝满女中为我们讲演'中国建筑的美'。她穿的衣服不太多，也不少。该是春天或秋天，当时这类活动一般都排在上午，在大礼堂。我们是教会学校，穿着朴素，像修女似的。见到林徽因服饰时髦漂亮，相貌又极美，真像是从天而降的仙女。林徽因身材不高，娇小玲珑，是我平生见的最美的女子。她讲话虽不幽默，却吸引人。当时我们似乎都忘了听讲，只顾看她了。"

在《人们记忆中的林徽因》中也有记录。女教授全震寰先前曾听过林徽因讲课，她在书中说："林徽因每周来校上课两次……谈笑风生，毫无架子，同学们极喜欢她。每次她一到校，学校立即轰动起来。她身着西服，脚穿咖啡色高跟鞋，摩登、漂亮，而又朴素高雅。女校竟如此轰动，有人开玩笑说，如果是男校，就听不成课了。"当时的林徽因正值而立之年，风姿绰约，如果单靠外貌恐怕难以给人留下此印象。

在林徽因的事业生涯中，她或单独或与梁思成合作发表了《论中国建筑之几个特征》、《平郊建筑杂录》、《晋汾古建筑调查纪略》等有关建筑的经典文籍，她还为研究我国古代建筑必读的重要工具书《清式营造则例》一书写了绪论。在她并不算长的一生中，还先后发表了几十篇作品，在20世纪30年代就享有"一代才女"的美誉，并被列入当时出版的《当代中国四千名人录》，与冰心、庐隐并称为"福州三大才女"。

林徽因影响了丈夫的志向，并与他一起在相同的方向取得了不凡的成就，同时也收获了幸福美满的人生。和貌美的女人生活在一起，男人能够满足面子的需求，而和兼有美貌与智慧的女人在一起，男人会有一种如沐春风的感觉，无论成败得失，他都会感到幸福。

让自己的美丽得到一些修炼吧。只有修炼过后的美丽才能独树一帜，永远是花样年华、月样精神，是令人向往的大美人。

修炼过后的美丽，是怎样的？

它不仅仅是高贵的出身、时髦的妆饰、优雅的言行、华丽的背景，也不仅仅是以上一切的相加。都不是的。

这种美丽，是一种朴素的教养和宽容，一种恬淡的向往和行走。它是自心灵深处生发出来的光辉，透过骨骼、肌肤，不仅映照着自己身上的每一个细节，还照耀着外面的世界。这种光辉不必精彩四射、艳惊四座，它只是那么柔和，柔和得近乎微弱，不需惊动谁。美丽，从不追求喧哗。

这种美丽还在于恬静，不为外界的诱惑所动，任风生水起，依然和煦淡远；在于淳朴，清水出芙蓉，天然去雕饰，一篱野花要远远胜过花篮里的九百九十九朵玫瑰；在于专一，心无旁骛，自能返璞归真。一朵美丽的花，它的开放不是为了赞美，不是为了飞舞不定的蜂和蝶，而是为了平平静静地萌芽、生长和绽放。美丽，在于热爱，热爱生活，热爱世界，犹如一棵棵小草铺绿了大地，一滴滴水珠汇成了江河。这种美丽，是内心的需要。反过来也可以说，这种美丽，需要内心。

这种美丽如林徽因，她有着美丽的容貌，优雅的气质，过人的胆识，超群的智慧。她是学者，是诗人，是作家；她可以跟着丈夫到穷乡僻壤像其他男士一样爬梁上柱进行精确的测绘；可以和徐志摩一起用英语讨论英国古典小说和中国新诗；可以和金岳霖做哲学的思辨和理论，她是一个会令所有女人都汗颜的女人。她死去数十年后，我们还记得在那暗淡的时代背景下，她清俊的面容和恬淡、坚定而深远的眼神。

美丽是坚持追求美丽这个好习惯得到的结果，修炼的美才会越来越光彩焕发。

2.内外兼修，才能持久弥香

说起林徽因，多数人可能都会想到那句话：你是那人间的四月天。

她的美，不妖艳，不庸俗，而是一种大方、典雅和高贵的气质，那是经过岁月的打磨历练而成，是一种内在的修养散发出来的光芒。胡适先生说，她是中国的一代才女；冰心说，她很美丽，且有才气；文洁若说，她是天生丽质，超人的才智与后天高深的教育相得益彰。可以说，林徽因是一个令同性和异性都动容的女人。

放眼望去，尘世间太多美丽的女人，有娇美的面容和飞扬的青春，可并非每个美丽的女人都能给人留下深刻的印象，那些令人为之震撼、回味无穷的女性，绝不仅仅是用外在的美博得众人的青睐，她们都有着深邃而灵动的内涵。

人们常说"女人如花"，但是花总有凋谢的一天，如何才能让一朵花看上去永远美丽动人，永远持久弥香，那就要提升花的品味。

女人的容貌之美不能长驻，而林徽因的美丽，用文洁若的话来说，林徽因的美是"天生丽质和超人的才智与后天良好高深的教育相得益彰"。虽说青春逝去，但林徽因的美却经住了时光的磨蚀。文洁若提起1948年在清华大礼堂见到已经44岁的林徽因时的情景说：

"一会儿，林徽因出现了，坐在头排中间，和她一道进来的还有梁思成和金岳霖。开演前，梁从诫过来了，为了避免挡住后面观众的视线，他单膝跪在妈妈面前，低声和妈妈说话。林徽因伸出一只纤柔的手，亲热地抚摸着爱子的头。林徽因的一举一动都充满了美感。"

不可否认，林徽因是个精致的有生活品味的女人。永远得体的衣服，脱俗的气质，当然那种脱俗源于她的文化内涵。在公众场合，她总能微笑聆听并辨别别人的谈话。她说话极富有热情但从不张扬。她的穿戴从来不会五彩斑斓，说话时既不会咄咄逼人，也不会无限前卫、哗众取宠，她不附和流行却修饰得体。她在每个场合的出现，都有一点清风徐来的感觉，对每个人都持平等的态度，在微者面前不傲，在高者面前不卑，与每种类型的人都能够和睦相处。她的朋友费正清回忆说："在这个家，或者她所在的任何场合，所有在场的人总是全都围绕着她转。她穿一身合体的旗袍，既朴素又高雅，自从结婚以后，她就这样打扮。质量上好、做工细致的旗袍穿在她均匀高挑的身上，别有一番韵味，东方美的娴雅、端庄、轻巧、魔力全在里头了。"

林徽因不仅在穿着打扮方面讲究品味，而且在生活方面，也极讲究品味。

在西南联大迁校昆明时，钱端升夫妇与林徽因、梁思成在郊区龙泉村搭屋而住，他们是邻居。陈公蕙说："林徽因性格极为好强，什么都要争第一。她用煤油箱做成书架，用废物制成窗帘，破屋也要摆设得比别人好。其实我早就佩服她了。"由此可见，林徽因是个富有情趣的女人，她善于发现生活中的美，并懂得悉心装扮自己的生活,借以冲刷平淡的生活。

    品位是内在的一种宁静,一种淡泊,一种心境,一个女人有没有品位完全是个人心灵的一种流露。你若能有一份坦荡明净的心境,你便拥有了一种高贵的品位。

    有品位的女人是不见花开,只闻暗香浮动。"品位"两字,女人没有内涵强做不来。什么是品位?品位女人的标准:有一定的文化修养,受过良好的教育,待人有礼貌、重礼节、有涵养,看问题独到而深刻,举止恰当有度,衣着自然大方,语言婉转柔和……总之,有品位的女人一定有独特的气质和个性。

    而有人说品位不是虚无缥缈的一种自我感觉良好,它是全面的,整体的,由表及里的综合表现。品位是一种集个人的出生背景,文化层次,生活素养为一体的,只能靠感觉去体验的东西,不是什么人都能够拥有的。也就是说:品味是女人由内到外产生的韵味。它像清风拂动,像月光挥洒,你只能感受它的存在,却难以真切地描述它。

    还有的人说品味现代女人要看三眼:第一眼从静态上看,主要看女人的外表;第二眼从动态上看,主要看女人的言谈举止,生活工作;第三眼从动静结合上看,也就是用心看,主要看女人的内涵,即思想、品德、才学、修养。

    也有人绝妙地说品位女人如画。

    每个女人都渴望成为一个有品位的人,因为真正的品位,会使终日蒙尘的生活闪闪发亮。执著于品位的女人是热爱生活的人,追寻有品位生活的女人,绝对是优雅与别致的女人。

    女人的品位是一个女人内涵的外在表现。

一个人的品位，是与其环境、经历、修养、知识分不开的。只有有意识地培养良好的修养，积累丰富的知识，才能有充实的内心世界，才能表现出高尚的思想和高雅的品位。

有品位的女人是善良、机智的，又是成熟、自尊的；而且她知识广博丰富，思想深刻充实，谈吐文雅大方，衣着雅致得体。

有品位的女人乐观向上而不颓废放纵；待人真诚而不虚伪；举止从容而不轻薄；性情平和而不浮躁；自尊自信，但不狂妄自大；温柔体贴，但不软弱屈从。

有品位的女人会营造一个平静的生活环境，她拥有高雅的爱好和情趣，会用自己的眼睛发现身边的美，并用心去感受它。她有丰富多彩的内心世界，不会让无聊、平庸的事情来破坏自己平静的生活，在繁华浮躁的现实中，能让自己的心归于平淡。当然她也有喜怒哀乐、七情六欲，但是她的表达是自然的、适度的。

有品位的女人有独立的思想和人格，绝不会人云亦云、随波逐流。在喧嚣的人群中，她可能会用沉默来表示她不俗的内心。

有品位的女人，就是有内涵、有魅力的女人，就是有女人味的女人。

在一次世界文学论坛会上，有一位相貌平平的小姐端正地坐着。她并没有因为被邀请到这样一个高级的场合而激动不已，也不因自己的成功而到处招摇。她只是偶尔和人们交流一下写作的经验。更多的时候，她在仔细观察着身边的人，一会儿，有一个匈牙利的作家走过来。他问她："请问你也是作家吗？"

小姐亲切而随和地回答："应该算是吧。"

匈牙利作家继续问："哦，那你都写过什么作品？"

小姐笑了，谦虚地回答："我只写过小说而已，并没有写过其他的东西。"

匈牙利作家听后，顿有骄傲的神色，更加掩饰不住自己内心的优越感："我也是写小说的，目前已经写了三四十部，很多人觉得我写得很好，也很受读者的好评。"说完，他又疑惑地问道，"你也是写小说的，那么，你写了多少部了？"

小姐很随和地答道："比起你来，我可差得远了，我只写过一部而已。"

匈牙利作家更加得意："你才写一本啊，我们交流一下经验吧。对了，你写的小说叫什么名字？看我能不能给你提点建议。"

小姐和气地说："我的小说名叫《飘》，拍成电影时改名为《乱世佳人》，不知道这部小说你听说过没有？"

听了这段话，匈牙利作家羞愧不已，原来这位小姐是鼎鼎大名的玛格丽特·米歇尔。

这就是有品位的女人，她不经意间所流露出来的优雅，让人佩服得五体投地。可见，优雅不是天生的，也不是夸夸其谈地知道几个所谓的时尚代名词就优雅了，优雅是一种气韵，一种坚持，一种时间的考验。从一个女人优雅的举止里可以看到一种文化教养，让人赏心悦目，当优雅成为一种自然的气质时，这位女性一定显得成熟而温柔。

亦舒的《圆舞曲》中有这样一句耐人寻味的话："真正有气质的女人，从不炫耀她所拥有的一切，她不告诉别人她读什么书，去过什么地方，有多少衣裳，买过什么珠宝，因为她没有自卑感。"

美丽的女人就像红酒，装在漂亮的高脚杯里，颜色亮丽，令人垂涎；美好的女人犹如浸泡在紫砂壶里的香茗，融入紫砂的茶杯里，色泽清淡，需要慢慢地品味才能感受到怡人的芳香。美丽的女人可以悦目，美好的女人却能慰心；美丽是外在的，流于形式；美好却是内在的，蕴含神韵。

一个女人若只是面容姣好，身材迷人，而胸无点墨，言语粗鲁，她的美只能给感官留下短暂的惊鸿一瞥，终究会输给岁月，毕竟人生不可能只如初见。美好的女人却不一样，那是后天的磨砺，岁月的积淀，就像一本内容丰富的书，不会因为时光流逝而被人遗忘，令人回味无穷。

一位哲人说过："任何外表的美，如果没有内在的气质加以修饰，那都是不完美的。"

美好的女人，有一颗高贵的内心，大方从容，面对风雨，仍以微笑迎接。美好的女人，永远活在真实的世界里，情感丰富又细腻，不虚伪不做作，懂得忍耐，懂得只有付出自己的真心和耐心，才能换来永久的朋友。

女人可以不美丽，却不能不美好。淡然的笑意，优雅的举止，良好的修养，大气的胸怀，这才是女人最长久的气质。唯有成为内外兼修的女人，才能成为一道赏心悦目的风景。

3.智慧，使美丽有质的内涵

有人说，比林徽因漂亮的女子没有她有才，比她有才的女子没有她漂亮，而既漂亮又有才的女子大多是交际花。

林徽因在《你是人间四月天》中写道："我说你是人间的四月天；笑音点亮了四面风；轻灵在春的光艳中交舞着变。"无疑是对感性的表达，这种感性既是一个女子的真性情，也是一个真性情女子的本真。

她没有选择徐志摩，却给了他足够的关注与欣赏，她没有选择金岳霖，却给了他充裕的敬仰与尊重。显然，她是一个非常有智慧的女性。而她的美丽也因了她的智慧而历久弥新。

年轻时候的林徽因是美丽的，美貌会凋谢，智慧却会增加。

作家赵清阁描述中年的林徽因："林女士已经四十五岁了，却依然风韵秀丽。她身材窈窕，穿一件豆绿色的绸晨衣，衬托着苍白清癯的面色，更显出恹恹病容。她有一双充满智慧而妩媚的眼睛，她的气质才情外溢。我看着她心里暗暗赞叹，怪不得从前有过不少诗人名流为她倾倒！"

还不仅如此，重病在身的林仍是："那俊秀端丽的面容，姣好苗条的身材，尤其是那双深邃明亮的大眼睛，依然充满了美感。至今我还是认为，林徽因是我生平见过的最令人神往的东方美人。"

如果一位美丽的女人不把美丽作为利用的资本，而是靠实力进取，那么她才是智慧的美人。如果说女人的容貌有更多先天的资质，而智慧则需要更多实力的展示。

女子凭着一张俊俏的脸可能会取得他人的赞叹，但缺少了智慧的"扶持"却很难让自己的形象达到一定的高度。智慧是一张王牌，它能让容貌永远维持美丽，让容貌永远焕发魅力。

"智慧之美"的魅力，是拥有独立自主的意识状态和自尊自重的情感状态。她们勇于接受来自各方面的挑战，她们善于从大自然与人类社会这两部书中采撷智慧，她们不再留有"男性附庸"的余味。

在一次选拔"香港小姐"的决赛中，为了测试参赛小姐的思维敏捷程度和应对技巧，主持人提出了这样的一个问题："假如你必须在肖邦和希特勒两个人中间选择一个为终身伴侣的话，你会选择哪一个?"

对于这个问题，绝大多数的参赛小姐都选择了肖邦。答案自然不能算错误，但是不够有特色，显得人云亦云，千篇一律。

其中一位参赛小姐是这样回答的："我选择希特勒。如果我嫁给希特勒的话，我相信我会感化他，那么第二次世界大战就不会发生了，也不会有那么多无辜的百姓家破人亡了。"这位小姐的巧妙回答赢得了人们的掌声，因为这位小姐不仅出人意料、与众不同地选择了希特勒，而且做出了合情合理的正义善良的回答。

可见，女人可以不美丽，但不能不智慧，智慧能重塑美丽，唯有智慧能使美丽长驻。智慧使美丽有质的内涵。

人的追求不完全来自外貌，它主要来自人的内在力量。漂亮自然值得庆幸，但并不代表有魅力，有气质。

人的相貌是天生的，人的审美观念则是后天产生的。外貌漂亮的确是一种优势，但这个世界上那种天生尤物毕竟为数不多，大多数的芸芸众生都是相貌平平，这些相貌平平甚至有些丑陋的女人所表现的美，就是其内在的品德修养所散发的气质与智慧。

女性的智慧之美，它甚过容颜，因为心智不衰，它超越青春，因而智慧永驻。

4.恰到好处地绽放自己的美丽

林徽因之所以一生都能被三个优秀的男人围着、宠爱、爱着，除了她天生丽质的外貌外，还在于她懂得恰到好处地绽放自己的美丽。

她精致的五官、神采奕奕的双眸以及不逝的笑靥，再加上合体的穿着、打扮，无不让人一见倾心。与林徽因一起长大的堂姐堂妹，几乎都能细致入微地描绘当年林徽因的衣着打扮、举止言谈是如何地令她们倾倒。也难怪，当年她的慕求者之多犹如过江之鲫，能让大诗人神魂颠倒，让优秀的梁思成因得到她的芳心而骄傲。

林徽因深知自己的美丽，同时，她也懂得绽放自己的美丽。

林徽因是美丽的，两条极富代表性的小辫，永远神采奕奕的双眸，仿佛被精心雕琢过的五官，脸颊上永远荡漾着的笑靥，还有半袖短衫与黑色绸裙的典型民国女性的着装，构成了她清逸的鲜活形象。

她懂得用时尚的衣着打扮自己，成为当时众多女性观摩的偶像。美丽的外表加上不凡的谈吐，难怪能引得众多男性都以一睹她的音容为荣耀。

当然，林徽因的美丽又在于她思维的活跃性、独具一格的见识、清新的文风和她那难得的智慧。她的美丽是绽放着的，是超越了其年龄的，是永存于世人心间的。她的美丽是有灵性的，也是富有人格魅力的。

在梁思成的心目中，"文章是老婆的好，老婆是自己的好"，这颠覆了民国时期在文人中普遍流行的那句俏皮话："文章是自己的好，老婆是人家的好。"林徽因的美，是公认的，和梁思成一起在美国留学的同学也说："思成能赢得她的芳心，连我们这些同学都为之自豪，要知道她的慕求者之多犹如过江之鲫，竞争可谓激烈异常。"

美丽是一方面，恰到好处地绽放自己的美丽却是需要一些智慧的。

林徽因不光美丽，她也知道自己的美，更懂得自己的美。据说，在二十世纪三十年代初期的北京香山，一卷书，一炷香，外加白色睡袍，林徽因对自己的状态很是满意，甚至有些自恋，她对梁思成说，看到她这个样子，任何一个男人进去都会晕倒。有此番情调来欣赏自己，的确很可爱，一下子就把别人的注意力吸引到她的美丽上来，弄得梁思成很陶醉地说："我就没有晕倒。"其内心的喜悦可想而知。

在那个几乎没什么色彩的年代里，一个女子，吸引了具浪漫气息的诗人、优雅矜持的哲学家和理智的建筑学家，令诗人因她而较早地离世，令哲学家为之单身一生，令名门之后的公子爱她一世。林徽因的美丽，几乎达到了人生的极致。虽然她的美丽期限并不那么长，但却拥有了丰富充实的过程，叠加在她身上的幸福恐怕是任何女子都不能比的。

红尘滚滚中，一个美丽的女子能够拥有独立的自我已是不容易的事，却还能绽放美丽，如一片草丛中的亮丽奇葩，独自盎然绽放，独自地欣赏着她的美丽，享受着她的幸福。林徽因在诗歌《莲灯》中说："如果我的心是一朵莲花，正中擎出一枝点亮的蜡。荧荧虽则单是那一剪光，我也要它骄傲地捧出辉煌。"无疑，她是绽放美丽的高手，她把哪怕是"那一剪光"，"也要它骄傲地捧出辉煌"，她把美丽最大化地绽放出来，给了它足够的关照与空间。

所谓美丽并不是单指漂亮的面庞，面相要好自不待言，但让人心悦诚服的美丽还需要一种内在气质的修炼和持久知性的支撑。

林徽因往自己的美丽里注入了丰富的血液，智慧、灵性、优雅等等，都成了美丽的元素。她的美丽是一种姿态，是一种生活方式，是对自我所生活的世界的肯定与赞赏，她在她的有生之年绽放出了生命中的最美，活出了完美的自我。

美丽是一种资产，但驾驭不了美丽反而会为它所累，甚至由于不懂得分辨情感或者被慕名而来的感情冲击到，荒废了青春，透支了幸福，到头来身心俱疲。美丽褪色之时却又不甘心被冷落，把自己折腾成了美丽的怨妇，这样的女人有很多，而唯有饱满的精神才能真正支撑起浪漫的美丽，才能持久地维持美丽的色彩，才能让美丽具有永不变质的吸引力。

林徽因虽家境优越，但身处乱世，她有着强大的责任感与使命感，她并不追求物质生活的丰裕，也不图名图利，当然更不会自怨自艾，抱怨命运的不公，她的精神世界是美丽的。

在上手术台之前，是她最脆弱的时候，因担心手术失败而意外离开，可是这时她还不忘记安慰亲人："如果有点感伤，你把脸掉向窗外，落日将尽时，西天上，总还留有晚霞。"（《写给我的大姐》）

当她准备好与亲人诀别时，面带微笑，并没有一丝悲戚之感，反而将最后的美好寄托于晚霞的美丽，这样的美，无法不让人感动。

美丽并不是浓妆艳抹，也不是花枝招展，而是懂得装扮自己，使自己的秉性气质相协调，做到内在与外表相统一。但这并不是说美丽不需要外在装扮了，一身靓丽的衣服，一个时尚的包包，一双美丽的鞋子，一件精致的配饰，都是绽放美丽的方法，这些往往是我们个人自信和修养的外在流露。

除了绽放外在的美丽，林徽因还懂得绽放自己内在的美丽。她有着极高的文化修养和底蕴，对任何事情都有独到的见解，经常能口吐莲花，引得沙龙上的男性静神凝望。她见多识广，精神活跃，无论走到哪里都能散发出迷人的风采。

梁思成给了她最完美的婚姻，给予了她平凡的踏实。她是富有诗性的女子，她火热的内心需要激情的迸发。于是，她到各种场合展现自我才华，出没在任何可以发挥她个人美丽和才情的地方，用她的不凡的气质和才情博得了众人的赞叹，引来仰慕的目光。

她给任何一个当时有才华的文人写信，邀请他们参加她的"太太的客厅"聚会。没有哪个男子能推却这样美丽的邀请，于是纷至沓来，她在众多的围观下流光溢彩，挥洒自我才华。

她在诸多文人面前口若悬河，没有任何人可以插上半句嘴。因为他们只需用心聆听，根本无法去发表任何看法或者见解。在这个光彩夺目的女子面前，他们显得太过平庸、太过平凡。有人说，林徽因是一个可以将张扬变成典雅风范的女子，她在众人面前自我展示，张扬得不让人讨厌，只让人驻足欣赏。所以，她的美丽是驻人心间的，是富有灵性也是富有人格魅力的。

都说女为悦己者容。身为女人，要勇于将美丽绽放出来，才能让自己焕发光彩。一个懂得绽放自我的女人是最迷人的。

美丽是女人的专属配置，每个年龄段都可以绽放自己的美丽，透过美丽晒出女人的高贵与优雅，晒出丰富的内心、细腻的感情和优雅的气质。

如果说鲜花是用来看的，女人的美丽就是用心来品味的。美丽女人的身上一定有一种属于自己的味道，这种味道是我们个性的标志，总是给人以独到的回忆而令人回味无穷，就像一本内容丰富的书，让人越看越上瘾、越读越有趣、越品越有味儿。

美丽可以帮我们过滤时间的痕迹，岁月可以冲走漂亮，但却带不走美丽，美丽在我们的身上已经不单单是靓丽的青春，而是一种迷人的气质。

要绽放自我，在外表上并非一定要浓妆艳抹，而是懂得恰到好处地装扮自己。一件靓丽的衣服，一个时尚的包包，一双美丽的鞋子，一件精致的配饰，都可以让我们绽放自己的魅力。

当然，外在也是内在的流露，一个真正懂得绽放自我的女人，是有一定涵养的，从持家有道中，从布置得温馨整洁有情调的房间中，让男人们读出其内在的美。一个有魅力的女人，不仅会装扮自己，还要会打理家，还要懂得照顾家人，这样的女人才是真正美丽的。

同时，身为女人，也一定要懂得沉淀自己，然后再适当地绽放自己。花于无声处绽放最美，人于宁静里凝香愈浓。与其华贵外表，不如优雅谈吐，就如林徽因一般，内在的才华和学识会让容颜不老，青春永驻。

5.热情饱满，素心若莲

林徽因那一颗热情饱满的心，恰如"人间四月天"，能化解世间所有的不快与无奈，是热情给了她最好的关照。可见，热情是一种对生命的敬畏和对自我及他人的尊重。

林徽因很早便开始诗歌创作,她的作品既充溢灵秀又饱含风骨。《莲灯》、《风筝》无不于轻柔外表里寄寓凝重隽永的沉思。让我们来看看她的诗《莲灯》:

如果我的心是一朵莲花

正中擎出一支点亮的蜡

荧荧虽则是那一剪光

我也要它骄傲地捧出辉煌

林徽因开始诗歌创作的同时,也尝试着小说创作。女性作家的小说往往流于滥情,林则别出心裁。她的每一篇小说,读来都具有纯正、雅致、隽永、缜密的美感,显示了学者作家的理性和睿智。

林徽因把似乎冰冷的建筑科学,注入诗人似的热情,使它兼有了艺术光彩。

作为一个古建筑学家,林徽因身兼史学的哲思、文学的激情,她的学术报告少有晦涩难懂的专业术语,更像优美的文学作品。如果不拘泥的话,她完全可被称为一位杰出的散文家。

有这样的热情,怎能不让人喜欢呢?

在北平,林徽因的家成了著名的"太太的客厅",在这个闻名遐迩的"客厅"里,也四处洋溢着她的热情,有一段小插曲可以略见一斑。

林徽因在给沈从文的邀请信中说:"初二回来便乱成一堆,莫名其所以然。文章写不好,发脾气时还要沤出韵文!十一月的日子我最消化不了,听听风,知道枫叶又凋零得不堪,只想哭……萧乾先生文章甚有味儿，我喜欢。能见到当感到畅快，你说是否礼拜五，如果是，下午五时在家里候教，如嫌晚，星期六早上，也一样可以的。"

萧乾看了这封信之后，都惊讶于"太太"的热情，他当时得知林徽因的肺病已相当严重，以为她会穿睡衣接待客人，没想到林徽因却穿了一套骑马装。由于出入"太太客厅"的都是圈子里的名人，初来乍到的萧乾一时还有些生疏，但林徽因的热情让他很快适应那样的氛围。

可见，保留一份热情，是可以点燃他人的。

一位哲人说过："一个人可以没有权势，但他不能没有生活的热情。"

很多女人都会遇到这样的情况。她们总是感到生活没有热情，对任何事情都提不起兴趣来。而一个失去了热情和动力的女人，会像一朵失去了水分的花儿一样慢慢枯萎凋谢。即使女人们拥有令人羡慕的容颜，也会因为不复存在的热情，而变得不再年轻。不论从生理上，还是心理上，保有热情的女人会显得更年轻更漂亮。正如人们常说，年轻不仅是一种生理状态，也是一种心理状态。

月月是一位长相非常标致的女人。她老公经营着一家大型企业，为了更好地照顾老公和孩子，月月辞去了某公司职员的工作，在家里当起了全职太太。

月月的脑子里除了老公就是孩子，要不就是那几间华丽的大房子。时间一长，月月失去了原来对生活的渴望与憧憬，开始对任何事情都不感兴趣了。有朋友叫月月一起出去逛街，月月会觉得没意思。等老公晚上回来，想跟月月亲热亲热，竟然也被月月推掉了。

不知道是生活太过富足了，还是生活平静得如同湖面一样波澜不惊，月月觉得吃再好的饭也不香了，收到再好的礼物也不会惊喜得尖叫了。老公让她没事的时候，在家里练一练瑜伽，可是月月根本没有耐心学，只要把老公送出门，把孩子送到了托儿所，月月就会懒洋洋地往沙发上一躺。到后来，月月竟然一个人在家里哭起来。因为她发现自己连看电视的热情也没有了。她不仅感到无聊、无趣，而且感到了痛苦。

半年后的一天，月月去参加同学聚会，她明显感到自己不如女同学们年轻。不论是从外貌上，还是从身体上散发出来的气息，都比同学们老了一截。每个人都有很大的工作热情和让生活过得更好的动力，可是月月却什么也没有。她委屈地流下了眼泪……

很多女人认为，自己年龄大了，热情已经用光了，再努力也是徒劳。这样的想法完全是错误的，因为任何时候的努力都不算晚。热情不但可以让女人获得成功，还可以让女人变得美丽和充满魅力。一个没有热情的女人，就好像心灵上长满了皱纹，而当我们的心灵上长满皱纹时，皱纹也会快速地长满我们的脸颊。

假如你对爱情没有热情，跟你谈恋爱的人会觉得非常痛苦；假如你对生活没有热情，你就会把生活搞得一团糟；假如对工作没有热情，升职加薪的事儿永远也轮不到你头上……而当一切不如意，都因没有热情而衍生出来时，女人也就会真的慢慢变老了。

身为女人，你需要时刻调整自己。美国的哲学家、散文学家、诗人爱默生说："没有热情，任何伟大的事业都不可能成功！"热情是女人精神世界的宝贵财富，没有热情的女人就像没有上发条的钟表。不管你是20岁、30岁，还是50岁，让自己充满热情，你才能够让青春永驻。

第二章

修炼自我

——你若盛开，蝴蝶自来

林徽因说："温柔要有，但不是妥协，我们要在安静中，不慌不忙地坚强。"温柔是有度的，而刚强则是不可逾越的底线，无论在什么样的境况下。

1.保持自己的本色，坚持自己的个性

每个女人都有自己的个性，正是因为这种个性而让女人在茫茫人海中脱颖而出。但是，面对社会的很多因素，一些女人放弃了自己的个性，而去追逐别人的特色，往往得不偿失。所以，女人想要在众人中成为焦点，那么就要保持自己的本色，因为，这样起码你是和别人不一样的。

也许，是这个世界上有太多相同的东西，比如，同一款式的衣服，同一风格的珠宝，同一口味的奶酪等等，以至于女人在生活中迷失了自己。失去了个性，那么气质也会变得大同小异。或者是面对太多的选择，女人也会失去自己的主见。因此，女人不管在什么时候，都要保持自己的本色，坚持自己的个性。

"你给了我生命中不能承受之重，我将用我一生来偿还！"这是倍受优秀男子喜爱的女子对她所选择的男子做出的承诺，这是令世间男子无法拒绝的话语。当梁思成知道，他的妻子是那么的优秀，自然珍惜有加。

无疑，林徽因展示了一个真实的自己，她总是让她身边的人看到真实的她，从而使他们不得不产生疼惜之情。

1918年，林徽因与梁思成初次见面，林徽因14岁，梁思成17岁。林给对方留下了深刻的印象，清新飘逸，楚楚动人，如一滴馨香的露珠，沁人心脾。

后来的一件事，更加加深了他们之间的感情。在一次"五四国耻日"游行上，梁思成意外受伤，伤得很重，连梁启超也说："这时候，我的心差不多要碎了……当我看到他脸上恢复了血色的时候，我感到欣慰。我想，只要他能活下来，就算是残废我也很满足了。"当时林徽因尚未与梁思成成亲，但当她得知梁发生车祸的消息后，悲痛不已，很快便守在梁思成的病床边，居然半天都顾不上吃饭，陪他聊天、说笑，安慰他，帮他擦汗、翻身等，自不待言。

梁启超对林徽因的表现格外满意，他后来说："徽因我也很爱她，我常和你妈妈说，又得一个可爱的女儿……老夫眼力不错吧。徽因又是我第二回的成功。"

林徽因表现出了自己的真诚和率性，给人的是认真、稳妥的印象，这也是她与人相处的智慧。在万千荣华中，在各种夺目的光圈中，林徽因维系的是她的美丽、尊贵和那份自我的真实。

很多人都说，林徽因是一个情感自私的女子，从爱情到婚姻，她看中最多的是自己，别人都很少能进入到她的思维领域，无论是谁。因此她能保证在诗人的疯狂追求下而独善其身，理智地选取自己需要的情感。这更是一种难得的真实，因为唯有完整了自己，才能有正确的抉择，也才能给他人以完整的爱与生活。

一句"我懂得，但我怎能应和"，成了林徽因对徐志摩的终极态度，但诗人却为了听她一场讲座而坠机身亡，而她，却把坠机的残骸挂在卧室，伴其余生。这是一种态度，是一种情感的态度，当然，这也是一种体现了真实自我的态度，这种态度能让她的丈夫为其预留出足够的回味空间。她死都没有摘下那片残骸，她并没有顾忌丈夫的感受，只是那样做了，坦坦荡荡，丈夫自然知道那是她对故人的一份爱意，或者是对旧情的一种纪念或留恋，但不管怎样，他都默许了，还有，那片残骸居然是他亲自为她取来的，她为了自己，他却为了她。

女人要活出真实的自己，真的很重要，有时能赢得更多、更真实的爱。

谷雪是个很漂亮的女人，但是她却不会打扮自己，经常从杂志上学一些很表面化的东西，但是很多时候穿在她身上并不是那么的好看。

不知从什么时候开始，大街上开始很流行混搭，于是谷雪也学着别人的样子，努力做出混搭的范儿来。可是，最后的效果却怎么也穿不出混搭的味道，让别人感觉不伦不类的。一次，她的一个卖服装的朋友告诉她，可以穿一些适合自己的风格的衣服，有一点自己的意见。

谷雪经过几次的尝试之后，她终于发现了适合自己的风格。之后，她再也没有学过别人，一直坚持自己的特色，她也变得越来越美丽了。

生活中不管是美丽的还是丑陋的，是内向的还是外向的，女人都应该保持自己的本色。不要因为别人的看法和行为刻意地改变自己。其实，保持自己的做人原则和处事风格，那就是一种独特的美。

美国的一位富翁请家乡的老友到很豪华的酒店进餐，那个老友怕自己表现得不够优雅而丢了面子，于是什么事情都按照富翁的样子做。当咖啡送来后，富翁将咖啡倒入一个小碟子中，那个老友也照做了，富翁加糖他也照着做，而最后富翁把碟子放在地上用来喂猫，而那位老友当时尴尬极了。

所以，不管什么时候，不管什么情况女人都要保持自己的本色才是最美的，女人的美丽在于独特的个性。而现实中，每个人都有自己的个性。就好像平时买饮料一样，有的女人买矿泉水，有的女人买可乐，有的女人买红茶……女人的个性是自己的外表和特点的总和，这就是和别人不一样的地方。女人穿衣服的风格，处事的方法，交际的方式，这一切都可以构成你的个性。而这其中，最重要的是要保持自己的本色。

剌剌是个从小就敏感而腼腆的人。她一直都很肥胖，而她的脸也不是一般的突出。很小的时候母亲就给她穿很肥大的衣服。以至于后来，她已经觉得穿肥大的衣服对于她来说是天经地义的事情了。

当结婚选婚纱的时候，她选了一款最大号的婚纱。她的丈夫很吃惊，于是就问她："那件白色带着花边的婚纱看起来很漂亮，你为什么要买这件很宽大的婚纱呢？"

剌剌低着头说："这样，我就不会把衣服撑破了啊，而且也看不到我的赘肉。"

丈夫觉得剌剌说的话很奇怪："这是谁说的？"

"我妈从小和我说的啊。"

丈夫叹了口气然后把这件婚纱拿给她，并让她自己去试，当剌剌从试衣间出来的时候，没有人想到那个胖胖的剌剌，也可以这么漂亮。

之后，剌剌就再也没有穿过很肥大的衣服了。

女人因为不同于他人的个性而美丽，也因为保持自己的本色而出众。比如，英格丽·褒曼、奥黛丽·赫本、玛丽莲·梦露、费雯丽、索菲亚·罗兰等都是非常有气质魅力的女人，而她们就是因为在生活的洪流中坚持了自我的本色，不同于他人的迷人个性散发出与众不同的魅力和气质。因此，女人要懂得保持本色从而彰显自己的个性来为自己的气质加分。

常言道："万绿丛中的那一点红"，真正坚持自己的人才是与众不同的。这个世界上没两片相同的树叶，更没有相同的人，就算是双胞胎在个性上也有差异。如果，女人只会刻意地效仿别人，而没有自己的见解，就会很容易失去自己。所以，女人只有保持自己的本色，展现自己的个性，女人才是最有气质的。

能够真实地活，本来就是一种幸福，因为遮掩真实是痛苦的，而真实能让别人更清楚地看到我们自己。我们所有的悲欢离合、喜怒哀乐，在别人那里都一览无余，我们对别人是真正的信任，对自己也是真正的信任。唯有真实才真正属于自己，唯有真实才能换来别人的信任。

我们或许表现得很傻，或许变得很懦弱，也或许有些自私，但不论怎样，我们都不是做作的女人。

我们在不同的环境下有不同的表现，在不同的场合讲不同的语言，有时施展自己的矜持，有时暴露自己的肆无忌惮。我们懂得大胆而自信地说出心里想说的话，做自己想做的事，而且所有的动作都绝对不是刻意的做作，我们从不在举止和言谈上刻意修饰，不装淑女，不为迎合他人而温柔，不为保持尊贵而矫情。

我们遇到不如意的事，是一定要发泄出来的，没必要收敛自己的真实，没必要让自己在不真实中活得太累，尽管去做自己，不要在意别人如何看待我们，因为真实的自己是最容易让人接受的，也是最容易让人心生疼惜的。

2.要有点"自恋"，才能注入无限的美

罗丹曾说过，生活中并不缺少美，而是缺少美的发现。自卑的女人，并非真的一无是处，只是她们尚未把目光投射在自身的优势与能力上。而那些有所成就、充满魅力的女人，通常都有一点点"自恋"，无论是在人前还是人后，她们都会适度地自我欣赏，自我陶醉。这样的女人是愉悦的，是幸福的。她们充分享受自信带来的阳光，用外在的装扮和内在的丰盈，给自己注入无限的美丽。这种美，经得起时光的雕琢和岁月的打磨，美得让人心悦诚服。

林徽因的母亲是继室，受到冷落。林徽因难免有些自卑的心理，她也有自己的孤寂与痛楚，当她从别人那里获得身份和地位的印证时，她也需要从中得到一些平衡。苍凉是她内心的真实面，诚如她写的那样："我数桥上栏杆龙样头尾像坐一条寂寞

船,自己拉纤",又说:"我在热闹非凡的人群中,体会的是越发的苍凉与孤独,孤独原本是无处不在的。"如此真诚情感的流露,真是一副可人的模样,恐怕没人不生出爱怜之心。

林徽因常常在晚上写诗,与别人不同,她在写诗的时候,要"点上一炷清香,摆一瓶插花,穿一袭白绸睡袍,面对庭中一池荷叶,在清风飘飘中酿制佳作"。林徽因的堂弟林宣说:"我姐对自己那一身打扮和形象得意至极,她曾对着镜子说'我要是个男的,看一眼就会晕倒',梁思成却逗笑道,'我看了就没晕倒',把我姐气得要命,嗔怪梁思成不会欣赏她,太理智了。"这是一个自恋的林徽因,一个自恋得有些可爱的林徽因,她的这份自恋是对一个男子的致命诱惑,谁人都难以逃离。

英国大提琴家杰奎琳·杜普蕾,非常欣赏自己的音乐和人格,她的自信在音乐里飘扬,她不会为了任何人而改变,也不会因为世俗的眼光而有所动摇,更不因为外界的妄加揣测而改变自己的信念。像杜普蕾那样活得精彩绝伦,生命和美丽自然会不朽。纵使岁月荏苒,光阴不再,她也能够给自己一片天空,留给人们无尽的怀念与惊叹。

安娜曾是一所名牌大学计算机专业的学生,毕业后在一家私营的小公司里做了一名文件管理员,拿着微薄的薪资。其实,她并不甘心一直如此,只是迫于生活的压力,才让自己暂时降低了标准。一年之后,她有了一定的物质保障,也有了些许的工作经验,便离开那家公司,开始寻觅自己中意的工作。

可她心里并不太自信,每次与人谈到自己的工作经历时,她的眼神飘忽不定，与人说话声音十分微弱，担心别人嘲笑自己矮小的个子，微胖的身材，给人第一印象极差。纵然她有一身的才华和能力，却也没能得到展示的机会。自卑深深扎根在她心里，她知道这样不好，只是没有勇气去克服。看着周围的朋友有所进步，安娜心里既羡慕又烦恼，暗自伤神。

在一次面试的实操环节，考官安排应聘者做同一项资料的整理工作。安娜在接过考官递来的资料时，并未敢与对方四目相对。考核的结果，她的工作能力得到了考官的认可。当时，考官语重心长地对安娜说了这样一番话："从面试之初，我就留意到你是个有心的女孩。这次的实操考核，文件很繁琐，你归纳得有条有理，且做了详细的分析。对于你的工作能力，我确实很欣赏，如果你能再自信一点，那就更好了。希望，在以后的工作里，能看到你的蜕变和进步。加油吧！"

向来自卑怯懦的安娜，顿时感觉身体里的血液沸腾。她没想到，自己竟然真的脱颖而出，被自己心仪的公司录用了。其实，自己的工作能力一直都不差，只是因为外貌的原因太过于自卑了。她决定，要换一种方式来生活。

此后的她，每天早起都会对着镜子露出一抹微笑，对自己说："你不差，你很棒！"在工作中，遇到问题她不再退缩，不怕被同事嘲笑，大大方方地向人请教，这让她进步飞快。一旦公司有什么大型的活动，她都会主动报名参加，为的是练习自己的胆量和勇气。

两年之后，安娜已经脱胎换骨，成了一位干练而优秀的职场达人。她不会再在任何人面前羞怯地低着头，也不会再躲避任何人的目光，她那么坦然，那么自信，让人不禁开始欣赏她独特的魅力。当有人问及她的"成功"秘诀时，安娜笑笑说："接纳自己，欣赏自己，将所有的自卑全都抛到九霄云外。这就是我的'秘密'！"

金无足赤，人无完人。女人不是因为美貌而可爱，而是因为可爱而美丽。如果你因为自己脸上有瑕疵而不敢露出灿烂的微笑；如果你因为手指不够修长而不肯与别人真诚地握手；如果你因为身材不佳而不敢翩翩起舞，那么你就会错过鲜花和掌声。阳光从来都在，只是你一直背对着它，才会看到阴影。内心充满了自信，不完美的生活也会闪闪发光。

当你感叹外表平凡时，请记得为自己营造一份快乐的心情，修炼一份丰盈的内在，在举手投足间绽放从容优雅的姿态，在言谈之中显露内在丰富的人格魅力，让自己独特的气质和睿智的思想在那些漂亮女人中间熠熠生辉。这种不断进取、不断完善的行为以及欣赏自我的姿态，是对生活的热爱，对美好的向往，对幸福的追求。

女人爱美，目光总是追随着美好的事物，若是将这份欣赏美的态度，置身于自己身上，那必然会活出一份自信和洒脱。怕就怕，只关注别人拥有而自己无法企及的美好，把自己的价值压得低低的，在心里种下自卑的种子。

站在烦恼里仰望生活的女人，永远与幸福绝缘。消极和自卑如同一张巨大的网，笼罩了生活里的每一个角落，促发心理暗示，抑制自身的信心，限制内在的潜能，加深自卑的凝结，恶性循环。女人看着不满意的自己，不满意的生活，免不了一声叹息。

请记住：风景不只是远处的好，美丽也不总是别人的。女人一定要找到自己的闪光点，走出自己的一条美丽之路，领略自己的独特风景，活出轻松和自在，不被外界迷惑，不被自己打败。只有懂得欣赏自我的女人，才能得到上帝的眷顾。

3.坚持自我，不为取悦任何人

梁思成说："林徽因是个很特别的人，她的才华是多方面的。不管是文学、艺术、建筑乃至哲学她都有很深的修养。她能作为一个严谨的科学工作者，和我一同到村野僻壤去调查古建筑，又能和徐志摩一起，用英语探讨英国古典文学和我国新诗创作。她具有哲学家的思维和高度概括事物的能力。"

"所以做她的丈夫很不容易。中国有句俗话，'文章是自己的好，老婆是人家的好。'可是对我来说老婆是自己的好，文章是老婆的好。我不否认和林徽因在一起有时很累，因为她的思想太活跃，和她在一起必须和她同样地反应敏捷才行，不然就跟不上她。"

林徽因对待事物有自己独到的见解，而且她还能坚持自己的见解，并说服别人，让人信服。

1949年7月10日，中华人民共和国成立前夕，新政治协商会议筹委会在《人民日报》等各大报刊，刊登了公开征求国旗、国徽图案及国歌词谱的启事。梁思成和林徽因领导了清华大学国徽设计组的工作，同时，梁思成还担任了国旗、国徽评选委员会顾问。

但是，全国各地包括海外侨胞设计的900多件图案，都没有被选用，政协筹委会决定把设计国徽的任务交给清华大学和中央美院。

林徽因说："国徽是一个国家的标志，它体现一个民族的历史，一个国家的意志，一个政党的主张。中国的国徽要有中国的特征，政权的特征，形式也要庄严富丽，应该表现中国人民的自豪感。商标只是商品的标志，它只具有商品注册的意义，这是两个完全不同的概念。我们必须加以区别。"

为了证明自己的观点，她还找出一些国家的国徽，一一讲解这些国徽的历史和代表意义："你们看这只国徽，是爱尔兰的……"林徽因还找了一些古代的铜镜、玉环、玉璧等工艺美术作品，作为参考资料，从中寻找灵感。

国徽审查小组要求在国徽图案中有天安门图像的意见，林徽因认为这是一个很好的构想，便派人去画天安门的透视图。当时营造学社藏有测绘天安门建筑的图纸，有百分之一比例和二百分之一比例的天安门立面、平面、剖面图。

林徽因认为，在国徽图案中采用天安门立面图，可以使比例尺寸严格正确，同时在视觉上可以让人感到天安门广场的广阔深远。她还建议，把两个华表向左右方向拉开距离，这样有整体上的开阔感，构图也比较稳定。

于是，在绘出一张又一张图纸，经过一场又一场争论后，大家的设计思路越来越明确了。林徽因始终主张，国徽应该放弃多色彩的图案结构，采用中国人民千百年来传统喜爱的金红两色，这是中国自古以来象征吉庆的颜色，用之于国徽的基本色，不仅富丽堂皇，而且醒目大方，具有鲜明的民族特色。讨论当然是激烈的，观点与观点的碰撞，美与美的较量，稍有不坚定，就会被别人的意见左右，但林徽因一直坚定地坚持自己的观点，她对于美对于国徽所代表的意义，都有自己独特的看法。

经过3个多月的讨论和昼夜奋战，一枚定型的国徽图案诞生了。图案外圈环以稻麦穗，下端用红绶带绾接在齿轮上，国徽中央部分和下方是金色浮雕的天安门立面图，上方绘有金色浮雕的五星，衬在红色的底子上，如同天空中飘展的五星红旗。整个图案左右对衬，庄严肃穆。林徽因提出的意见大部分被大家接受。

后来，经过些微的修改，在图纸上首，林徽因用红纸剪了"国徽"两个字，图的下方写了"国徽图案说明"：

国徽的内容为国旗、天安门、齿轮和麦稻穗，象征中国人民自"五四"运动、新民主主义革命斗争和工人阶级领导的以工农联盟为基础的人民民主专政的新中国的诞生。

1950年6月23日，全国政协一届二次会议召开，林徽因被特邀参加了这次会议。会上，通过了由梁思成、林徽因主持并设计的国徽图案。当掌声在大厅里回荡的时候，林徽因激动得热泪盈眶，她病弱的身体，已无力从座位上站立起来答谢了。

新中国成立后的第二个国庆日，病骨支离的林徽因，由梁思成、莫宗江陪同来到金水桥头。仰望着城楼上悬挂的国徽，林徽因的泪水模糊了双眼，这是她用自己的骄傲捧出的辉煌。

在这个越来越浮华的世界里，女人脆弱而凌乱的心仿佛只有得到他人的认可,才能收获平静安宁,才会显得不那么孤单。否则的话,整个人都会陷入一种焦躁的状态中。于是,为了取悦别人,为了得到赞美和羡慕,许多事情明明不情愿去做,却又无可奈何地选择了妥协。

事实上,取悦他人的女人,内心深处都不太相信自己。对于自身的定位,对于事情的评判,没有自己的标准,丧失了主动的意义和心灵的自由。不过,这种取悦的结果,并不见得能够讨好到谁,反倒是给人一种卑微懦弱的感觉。最终,千般讨好,万般忍耐,却落得不被尊重的结局,徒增烦恼。

曾有个漂亮的女人,认为自己的舞姿倾国倾城。许多年来,她四处表演,试图得到他人的认可,可惜的是,围观的人不少,夸赞的人并不多。她思来想去,不知何故。

一天,她遇见一位禅师,便向禅师诉说了自己的苦恼。禅师笑笑,指着窗外的一株植物对她说:"你看,那是什么花?"女人看后对禅师说:"那是夜来香。"

禅师说:"它只在晚上才会开放,所以叫夜来香。那你是否知道,夜来香为何只在晚上开放,而白天却不开花呢?"女人愣住,摇了摇头。

禅师笑着说:"夜晚开花,只是为了取悦自己!"见眼前的女人不作声,禅师接着说:"白天开放的花,只是为了引人注目,取悦别人。而这夜来香,在无人欣赏的情况下,依然努力盛开,芳香四溢,其实只是为了让自己快乐,它只是在做好自己而已。"

禅师看了看已经有所领悟的女人,笑着说:"许多人总是把幸福的钥匙交给别人，所做的一切都只是为了取悦别人，其实这样毫无意义。不管什么时候，都要记得做自己的主角，走好自己脚下的路，欣赏自己身边的风景。"

比尔·寇斯说："我不知道成功的秘诀，不过我可以确定失败的教训，就是不要取悦所有的人。"

一味地将别人作为自己生活的主角，生活的基调也就不是自己所喜欢、所向往的了。女人在取悦别人的同时，灵魂里的声音被压抑，不敢成为真实的自己，说什么、做什么都像是戴着面具，浑身不自在，付出的代价也可想而知，留下遗憾也在所难免。与此同时，总是想着取悦别人，而不从内在修炼自己、强大自己，整个人只会变得越来越卑微，越来越浅薄。

有个女孩自幼跟随父亲经商，见过各种各样的大场面。一开始，她希望别人都喜欢她，也希望自己出类拔萃，得到别人的关注。可后来她发现，世界上的人们性格各异，没有办法一个一个去讨好。而且，无论她怎么取悦，总是顾此失彼，弄得筋疲力尽。她很苦恼，感觉自己渺小得一文不值。她不明白，为什么自己这么努力还是无法得到别人的认可。

精明的父亲自然看出了女儿的心思，他告诉女儿："取悦别人并不能让自己得到尊重。真正的优秀，是尽自己所能，活出最大的价值，给别人欣赏自己的机会。"父亲教她如何打高尔夫球，如何评鉴美酒，告诉她如何做个有品位的人。业余时间，她还学会了摄影，学会了舞蹈，把自己最美好的一面展示出来。与此同时，她还了解投资和理财，学着经营事业。多年后的她，成了一个美丽与智慧并存的女人。这份内在的修养,赢得了许多人的赞赏与羡慕。

坚持自己的立场,不轻易为了谁而改变自己,保持自我的独立性,尤其是对女人而言,我们容易被他人影响,被我们所认为最重要的人所左右,最后失去了自我。坚持自己的立场,不管是输是赢,总能保持自己的身份和尊严。

与其浪费时间在别人身上,获得一时的好处,不如给自己制订一个完美的计划,一步一个脚印,走到自己期望的地方去。取悦只是一时的,而活得快乐却是自己的。与其等待别人"赏赐"幸福,不如自己创造,释放自己,让心灵自由,不失为一种莫大的幸福。

也许,偶尔你可能会被孤立、会被误解,但那都无妨,只要你活出了真正的自己,那就是值得的。因为在这个世界上,没有一个人可以做到让所有人都满意,压抑一两次内心的想法没什么,可是压抑一辈子实在太委屈。人生短短几十载,何不做一个自由自在的人,听从自己的想法,快乐一生呢?要相信:当你成为大海时,百川自会汇聚;当你成为盛开之花时,蝴蝶自会飞来。

4.自爱，才会更让人爱

林徽因是个例外，她样貌出众，才情斐然，诗文让人心碎。她宛若一粒饱满而精致的种子，种在一寸之间，刹那花开。身为女子，一颦一笑，一言一谈，总让人在心里流泻出一泓情感，不免暗自忖度：是什么让这个女子如此惹人心醉？是什么敲打着诗人的心？

是自爱。

懂得自爱的女人，内心是强大的。不需外界的恭维，不需他人心生怜悯，就孑然一身站在那里，等待绽放。

曾经有一位著名的女演员说过，女人有三样东西是属于自己的：一是自己的身体；二是自己的知识；三是自己的朋友。

很多女人一生忍辱负重，一辈子拼了命爱儿女、爱丈夫，唯独忘了她自己。即使是在有些现代女性身上，这种品质仍然根深蒂固。女人有了家，她会爱孩子、爱老公，自然就把自己排在了最后一位。比如，她看上一款中意的时装，一看价格就开始打退堂鼓了，琢磨着够老公买一件夹克的，够孩子买一双小皮靴的。买菜的时候，也很少考虑自己的喜好，而是总捡孩子和老公爱吃的买。总之，就是不会爱自己。

而另外一些活得优雅精致的女人，她们穿自己喜欢的衣服，做自己喜欢的事，为这个世界增添一抹亮丽的色彩。

1935年年初,南京国民政府决定修缮和养护山东曲阜的孔庙,梁思成成为这一重要工程的顾问。就在梁思成外出忙于工作的时候,林徽因的肺结核病又犯了。协和医院的大夫要求她卧床休息3年,但她只想休息6个月,她请了一位训练有素的护士照顾她并主持家务,这样她就可以和家人待在一起。而林徽因集中精力写作,这是病中的她唯一的爱好。她在尽力捕捉构成她许多当前情绪的那些消逝的梦想、感情和见解。

"听到我所熟悉的曲子,那时我还是一个很小的小女孩,乘坐着一条船,穿过印度洋回家,那月光、舞蹈表演、热带的星空和海上的空气一起涌进了我的脑际,而那一小片被称作青年时代的东西,和一首歌里短暂的轻快片断一样,像梦幻一样地迷住了我,半是忧愁半是喜悦,我的心中只是茫然若失。"

到夏天,在这段近乎隐居的日子里,她仍能静心地做着她自己喜欢的事情,这让她心情愉悦,金岳霖这样说她那段生活:"她刚刚完成了一篇短篇小说,有节奏地展开一个接一个的美丽情节,直到高潮到来并沉入某种遥远和崇高的境界之中。"还说:"她不久就要到北戴河(北方的海边避暑地)去。"大约一个星期以后,林徽因从北戴河写信来说:"这里的天气是无可挑剔的。和平、健康和财富实际上到处可见,而海又是多么好!"

梁晓声曾在一篇文章中写道:"倘若有轮回,我愿自己来世为女人。我不祈祷自己花容月貌,不敢做婵娟之梦;我想,我应该是寻常女人中的一个。那么,假如我是一个寻常的女人,我将一再地提醒和告诫自己——决不用全部的心思去爱任何一个男人。用三分之一的心思就不算负情于他们了。另外三分之一的心思去爱世界和生活本身。用最后三分之一的心思爱自己。"

用三分之一的心思爱自己，这番话说得多么动容。可世间能够做到这一点的女人，哪怕仅仅留四分之一的爱给自己的女人，也并不多见。尤其是在有了家、有了孩子之后，女人大部分的心思都放在了身边丈夫和孩子身上，心甘情愿地付出，无怨无悔地奉献。

一位女作家在餐厅吃饭，遇到一对年轻的情侣。

女孩想喝酒，只见男孩白了她一眼，说她起哄，女孩乖乖地放下酒杯，不再说什么。女孩想吃辣，男孩说了一句"我不吃"，女孩就没再提，把菜单递给了男孩。

女作家看得出，女孩很在意身边的男孩，一会儿变身男孩的丫鬟，一会儿变身母亲，言语中带着关心与体贴，同时还有一份依赖。男孩除了外表出众之外，女作家没觉得他有什么特别的吸引人之处，至少在吃饭的那段时间里，他始终摆出一副高傲的表情，言语上也丝毫不客气。

看到眼前这一幕，女作家不禁想起不久前刚刚离婚的一位女性朋友。当年，她对爱人倾心倾力，毫无保留地付出，甚至愿意为了他放弃自己最钟爱的职业，远离父母家乡跟随他去了别的城市。她的心里只有他，处处想的都是他，对自己的生活从未静心思索过。

就像电影里一贯演绎的情节那般，男人出息了，却抛弃了她。在他决意要离婚时，她还在穷追不舍地问为什么。他给出一句冰冷的话："不是你不好，而是你太好了，这份好让我觉得太压抑。"她明白，他觉得自己终日围着他转，厌烦了。

女作家为眼前的女孩感到担忧，她不知道，女孩未来的生活会怎样。可她心里隐隐地会感觉到一丝不安，她很想走向前去告诉女孩："不要为了任何一个男人忽略自己的存在，也不要在爱情的世界里迷失自己。唯有懂得自爱的女人，才会拥有他人的爱，才值得被人深爱。"

奥修曾经说过："石头吸引石头，花朵吸引花朵。如此一来，会有一种优雅的、美妙的、充满祝福的关系产生。如果你能够得到这样的关系，那将升华为虔诚的祈祷，极致的喜乐，透过这样的爱，你将领悟到神性。"

爱自己，懂得爱惜自己，才会在任何时候都不伤害自己。爱惜自己，即使遇到情场失意、事业受阻带来短暂的失意低落，也不会因此类原因而堕落或放纵。爱惜自己，真正关注自己的健康状况，积极地参与健身运动以保持自己良好的身材，不会吝惜花在保养容貌及身体上的金钱与时间。爱惜自己的女人，会拥有良好的生活习惯，不会抽烟、饮酒、通宵达旦地宴饮狂欢来损害自己的身体。

如一个女人把爱自己理解为"自我放纵"，那就是大错特错了，因为这不叫爱自己，而是毁自己。如暴饮暴食、烟酒过度、生活习惯不规律、完全不运动、不吸收新知识、懒惰等行为，都是在虐待身体，伤害自己。错误的放纵，实际上等于自我憎恨，这是在害自己，跟自己过不去，更是对自己的不尊重。

爱自己要正确健康地去爱，首先要让自己感受到真正的自由，时时倾听内心的声音，和自己对话，诚实地面对内心深处的各种欲念。这样，我们才会在纷繁复杂的人世中不受约束，才能完全保持平衡。当我们能用这样的态度爱自己时，就能真正了解爱的意义，而且有能力去爱其他人。

爱自己的女人在精神上也是独立的，她的思想受自己支配，而不会为了别人而盲目地改变自己。

无论你是资质平平的普通女孩，还是天生丽质的漂亮女人，都请你好好地爱自己。这是属于你的权利，也是给自己创造幸福和快乐的能力。一个女人只有懂得爱自己，让自己幸福，才有资格让别人去爱、去尊重、去欣赏，才有能力给别人幸福。爱自己的女人，身上散发出来的正能量，会让每一个靠近她的人，感受到那种从内至外的自信与从容。

弗朗索瓦丝·萨冈曾说："总是有这样一段年纪，一个女人必须漂亮才能被爱；也总是会有这样一段时间，她得被人爱了才更美丽。"记得将这段话铭记于心，当你懂得精心地爱自己，就不会畏惧岁月这把无情的雕刻刀，而是在岁月中慢慢蜕变出美如珍珠的光华。

5.外柔内刚，是女人的最高境界

每个人在世界上都是孤独的，不管是男人还是女人，只有自己了解自己的内心，用自己的力量使自己完整，才能获得自我的愉悦和两性关系的愉悦。

作为一个女人，为人女、为人友、为人妻、为人母，每一个角色都不轻松。女人这一生都在追寻幸福，而在女人追求幸福的过程中，无论处于人生的哪一阶段，都可能遇到一些波折和困扰，尤其是一旦遇到感情问题，很多女人就会变得萎缩，甚至溃不成军，拥有强大的内心对于女人来说相当重要。可以这样说，支撑女人走过一生的就是强大的内心。

常常都是这样，同样的事发生在不同的人身上，影响和结果是不一样的。有的人反应剧烈，伤人又伤己，有的人三思而后行，心平气和，结局圆满。

有多少女人在遇事后，会先深呼吸，控制得住自己，能够驾驭自己需要一种强大的内心力量。

香港著名心理治疗师素黑说："每个人在世界上都是孤独的，不管是男人还是女人，只有自己了解自己的内心，用自己的力量使自己完整，才能获得自我的愉悦和两性关系的愉悦。"

世上有千千万万女人，有千千万万种幸福。被大款一掷千金，享用着的，有着在金钱上的为所欲为，不可不谓幸福；蝇蝇苟苟，猥猥琐琐，踩着他人痛苦快乐的，不可不谓幸福。但只能说是快乐的幸福，高兴的幸福，这种幸福是禁不起岁月炙烤的，风吹过，徒留一地黯然，因为没有坚强的支撑，幸福是不会长久的。因为她们是少了内心强大的人，她们或是唯唯诺诺，没有自我；或是哀哀怨怨，陷在一件可小可大的事里，挣扎在一段越理越乱的感情里不能自拔。一生没有个明白。

其实生活是一座熔炉，而真金是不怕火炼的。女人外表可以柔弱，但是内心却要强大，即使不强大，锻炼也要把自己炼出坚强的品质。只要把自己的内心炼得像钻石一般的坚硬，才经得起困难的打磨；同时，还要让自己像流水一样的柔，才能抵挡世俗的浸淫。

古今中外的才女，大多有着柔弱的风骨，而林徽因则是个外柔内刚的女子。出身优越的她，其实完全可以待在家里当阔太太，但她却选择了建筑这一艰苦行当，并在当时的历史背景下成为中国首席女建筑专家。

林徽因出生于江南，水乡赋予了她诗情画意与不尽的柔情，秋月春风的日月滋养，也造就了林徽因的温柔与聪慧。烟雨江南与倾城绝代的女子向来是绝妙的搭配。她的温柔让人对她的爱欲罢不能，所以才留下了大诗人"最是那一低头的温柔"这样经典的诗句。

她让自己的性情在社会生活中得到了足够的展露和磨砺。

为了躲避战乱，在最艰苦的时候，林徽因和梁思成蛰居乡下，当时他们的生活很不如意，经常处于困顿的状况中，而林徽因又是贫病交加，这还不算，他们还常常需要面对生死考验，因为日本的轰炸机会时不时地从他们头上飞过。就在如此险象环生的情况下，林徽因却能泰然自若地在信里写下这样的文字："思成是个慢性子，愿意一次只做一件事，最不善处理杂七杂八的家务。但杂七杂八的事却像纽约中央车站任何时候都会到达的各线火车一样冲他驶来。我也许仍是站长，但他却是车站！我也许会被碾死，他却永远不会。"

显然这是她对正常生活的一种描述，战争的危机好像不会波及她，而日本的轰炸机也好像是个摆设似的。在如此危机四伏的背景下，她却依然柔情似水，这确实是一种境界。

"温柔要有，但不是妥协，我们要在安静中，不慌不忙地坚强。"林徽因这样说。温柔是有度的，而刚强则是不可逾越的底线，无论在什么样的境况下。

抗日战争爆发的1937年，林徽因从佛光寺调查归来，曾写信给在北戴河居住的女儿梁再冰说："如果日本人要来占北平，我们都愿意打仗，那时你就跟着大姑姑去她们那边，我们就守在北平，等到打胜了仗再说。我觉得现在我们做中国人应该要顶勇敢，什么都不怕，什么都顶有决心才好……你知道你妈妈同爹爹都顶平安的在北平，不怕打仗，更不怕日本。"

林徽因的内刚是发自骨子里的，是种天不怕地不怕的强性情。

梁从诫回忆母亲时谈道："有一次我同母亲谈起1944年日军攻占贵州独山并直逼重庆的危局，我曾问母亲，'如果当时日本人真的打进四川，你们打算怎么办？'她若有所思地说，'中国念书人总还有一条后路嘛，我们家门口不就是扬子江吗？'我急了，又问，'我一个人在重庆上学，那你们就不管我啦？'病中的母亲深情地握着我的手，仿佛道歉似的小声地说，'真要到了那一步，恐怕就顾不上你了！'听到这个回答，我的眼泪不禁夺眶而出。这不仅是因为感到自己受了'委屈'，更多地，我确实被母亲以最平淡的口吻所表现出来的那种凛然之气震动了。我第一次忽然觉得她好像不再是'妈妈'，而变成了一个'别人'。"

这个有点弱不禁风的女子，她的外柔竟然是儿子眼中"平淡的口吻"，而她的内刚则近似于一种大义凛然的气魄，而她则是二者的有机统一体。可见，一个真正外柔内刚的人是经得起考验的，它是生命的本态，不会因受到外部的压力而中止。

真正强大的内心，是女人最有力的防护。现实世界中，没有什么稳定与不稳定，当然也不存在永恒，自己的心稳定、强大才是最安全的。真正的安全感是自己给自己的，这个事情不能依赖于任何人。

太多女人容易把快乐建立在依赖男人才能获得的基础上，要知道，这是非常危险的。人是会变的，事情是会发展的，如果舵盘不在自己手中，大半都是要卷入到生活的旋涡之中。无论发生什么事，自己都可以担当，并且能够找到令自己快乐生活的方式，这才是真正强大的内心。只有内心真正的强大才能让自己真正快乐，也才能给别人带来快乐。

对于内心拥有强大力量的女人，没有任何事情可以将她打倒，也没有人能够伤害她。一个女人只要拥有了强大的内心力量，就可以变得非常自信，非常坚强，非常有魅力，有勇气面对一切挫折。

其实，作为一个女人，没有人不希望做到外柔而内刚的，做事时表面上宠辱不惊而骨子里铮铮作响，这样的风度多么让人迷恋。不过这种本领也不是一朝一夕所能练就的。我们的性情很多时候是由我们的思维习惯、价值观和本能统合而成的。如何让自己的情绪和内心的感受以最佳方式释放出去，在这个过程中展示出真实的自己，这需要我们不断地学习。

面对当今越来越复杂、越来越纷乱的社会，在背负巨大心理压力的同时，我们经常还会碰到各种各样的困难和挫折，如失业下岗、家庭变故、婚姻失败、学业不顺、经济困难等诸多问题。当这一切突如其来无法解决时，一切取决于我们内心是否强大。

是的，每个人的一生都会遇到诸多的不顺心，秉性柔弱的女人在遇到困境时，看不到前途的光明，抱怨天地的不公平，甚至破罐子破摔，在精神上倒下；而秉性坚忍的女人在遇到困境时，能够泰然处之，认定活着就是一种幸福，无论是顺境还是逆境，都一样从容安静，积极寻找生活的快乐，不浪费生活的一分一秒，于黑暗之中向往光明，在精神上永远不倒。

所以，我们选择用外在的柔弱来"迷惑"他们的眼睛，用内刚来坚守自己的底线，进退自在，收放自如。当然，若想真正如林徽因一样做到外柔内刚，还需要不断地修炼和提升自己的素养，这样才能达到她的高度与境界。

"温柔要有，但不是妥协，我们要在安静中，不慌不忙地坚强。"温柔有度，而刚强则是不可逾越的底线。若想真正如林徽因一样做到外柔内刚，还需要不断地修炼和提升自己的素养，这样才能达到她的高度与境界。

第三章

修炼爱情

——像林徽因那样智慧的爱

有三个著名的爱情故事几乎妇孺皆知，都是那么的荡气回肠，而三个故事却拥有共同的女主角，她就是林徽因，这个集美丽与智慧一身的女人。

1.爱情如火，但不能无度燃烧

自从人类发现爱情的存在，就注定了人要被情所累为情所伤！爱情是美丽的，但爱也是一把双刃剑，既可伤害别人也可伤害自己。

爱情似火，但不能无度燃烧。很多时候，爱情真的应该适可而止，世间的痴男怨女总给爱情加载太多的负担与现实，使爱情失去了原有的味道。爱需要的是默契，是宽容和理解，爱，需要适度。

1920年的秋天，伦敦，24岁的徐志摩遇到了小他8岁的林徽因。16岁的林徽因，花骨朵一般的新鲜，灵秀、清幽，使徐志摩一见惊目，再见倾心，于是心心念念，辗转一番写下滚烫直白的情书一封。

和父亲在伦敦生活的那段时期林徽因是孤单的，林长民平日事务忙碌，经常是她一个人守着空荡的大房子，看书、吃饭、偶尔哭泣。特定环境特定时期，出现了这么一个对她热辣示爱的人，即便是真的不懂用情也该有过撞鹿的心动吧。大家都知道，徐志摩是标准的美男子，五官端正，齿白眸明，面相线条柔和，有女性的阴柔之美，但又决不是华而不实惯混风月场的纨绔子，他干净温和又性情奔放，才华横溢又见解独特，梁实秋就说他"行文典雅丰赡"，茅盾则评价为"中国布尔乔亚的'开山'的同时又是'末代'的诗人"。所以，林徽因本人和其家人，才一直肯承认林徽因确实被徐志摩热烈追求过（若遭一介平庸书生爱慕，事件再轰动，怕也是不值一提）。想必那时林徽因对徐志摩也是有过爱的暗示的，哪怕仅是欣赏和喜欢，也促使已结婚生子的他爱得更加理直气壮，到最后干脆是一跺脚，弃了原配张幼仪，成了民国第一个离婚的男人。

在懵懂的16岁，林徽因未必没有对徐志摩动过心，但她理性地选择了沉默，郑重地珍藏起了徐志摩的情感，对这份美好的情感她永远报以深情的凝视。这使她在以后的岁月里，始终与徐志摩保持着朋友间真诚而纯洁的情谊，而她对徐志摩感情的理解和尊重也使她永远拥有徐志摩的敬重和挚爱。

多年以后，徐志摩乘飞机遇难，悲痛的林徽因在给胡适的信中，谈到自己对徐志摩的感情：

我的教育是旧的，我变不出什么新的人来，我只要"对得起"人——爹娘、丈夫（一个爱我的人，待我极好的人）、儿子、家族等等，后来更要对得起另一个爱我的人，我自己有时的心，我的性情便弄得十分为难……

这几天思念他得很，但是如果他活着，恐怕我待他仍是不能改的。事实上不太可能。也许那是我不够爱他的缘故。也就是我爱我现在的家在一切之上的确证。志摩也承认过这话。

从中，我们可以看到林徽因真实的心迹，不是不爱，亦非不敢，而是不能。

任何事情都有两面性，她有她的选择和坚持，她也深深懂得，要生动就得折腾，要宁静只有淡泊。过分的热情和过于执著的追求，往往会失去最基本的理性的克制。徐志摩的感情率性、浪漫、沸腾，注定了他感情的摇摆性和不确定性。这一点，冰雪聪灵的林徽因应该最清楚。因为终日和一个郁郁寡欢的母亲生活在一起，林徽因更加确定了自己想要的婚姻——健康、安宁、包容、圆满，不要一丝差错。这样的婚姻，只有梁思成可以给予。

人生路上，要走的不是两三天，而是一世。感情的事，最难之处，不在于爱上一个人或是对他说我爱你，而在于爱的尊重、爱的持久和爱的平等，因此，必须懂得把握尺度，适可而止。

在后来处理和金岳霖的感情时，林徽因亦聪慧地做出了自己的选择。

如果说徐志摩是有福气的，见识了林徽因新兰般清灵的年华，那么另一个爱慕林徽因的男人金岳霖是幸运的，可以几十年陪伴林徽因左右，直至终老。

据金岳霖称，当年他还是通过徐志摩认识林徽因的。那时梁思成和林徽因的家在北平一座典型的四合院里，几乎每周，家里都举办沙龙聚会。一身缎子长袍，脖子上绕着一条精细马海毛围巾的徐志摩是沙龙的常客。西装革履，仪表堂堂，一米八高个头的金岳霖则是徐志摩亲近的朋友，某一日随了去，此后风雨无阻，热情不亚于徐志摩。那年的林徽因已结婚生女，穿着一袭淡雅旗袍，穿着并不时髦光鲜，但超俗的气质和举手投足之间的从容自信，深深吸引着当时参加沙龙的各界名流更有无家无室无牵无挂的金岳霖。

金岳霖是相当优秀的男人，青年时代饱受欧风美雨浸淫，文化底蕴扎实丰沛而不刻板，理智处世，笃实为人，不少女性包括外国女郎对他倾慕至深，但偏偏是这样的一个男人，遇到了别样的一个林徽因，于是一切繁华便沉寂了，花草再招摇，他自守护着这一朵奇葩，心无旁骛，别无二念。这样好的男人，心思玲珑情感丰富的林徽因自然不会无动于衷，于是某一日仰起脸来单纯又复杂的眼神看着梁思成坦言道：我爱着一个你，同时又爱上一个他，如何是好？面对孩童般透明的妻，梁思成思量了一夜后说：老金比我好，你是自由的，如果决定选择他，那我会真心祝你们幸福。林徽因将此话转达给金岳霖，金的回答也同样令人惊异甚至动容：看来思成是真正爱你的，我不能伤害一个真正爱你的人。我应该退出！

1955年，51岁的林徽因去世。心就那样一下子被硬生生地掏空了，追悼会上，金岳霖的泪水，一刻都不曾停止。他送上了一副极尽赞美的挽联："一身诗意千寻瀑，万古人间四月天！"

林徽因的玲珑剔透，只可意会，不可言传。

谁都知道，在这芸芸众生中寻找一个值得爱的人并不容易，有时穷极一生也未必如愿。太多的时候爱别人或者被别人爱都是进退两难，就如徐志摩之于林徽因。而真正懂爱的人不会让自己爱的人受伤，值得让你流泪的人也不会让你哭泣。金岳霖和林徽因志趣相投、交情至深，他们一直毗邻而居，一生为友。从1932年到1937年夏的北京北总布胡同，到四川李庄，再到新林院，他以这种温和的方式默默守护心中挚爱，她习惯着他的呵护，任何时候，只要她需要，他都在，只要他在，她就心安。

幸福不是因为你找到了一个完美的人，而是你与一个合适的人努力建立了一种完美关系。如果太关爱、讨好他，容易把他宠坏。但太自我、高傲，又会令他对你心有顾虑，不敢靠近。所以，爱情需要适度的空气和养分，需要适可而止。

在现实生活中，人总要经历这样那样的考验，我们会遇到很多意想不到的事情，不是一句我爱你就可以解决所有问题，我们要有足够的耐心去面对。甚至有时，我们所爱的人并不一定爱我，而爱我的人又不一定会是我所能爱的，但是，无论我们的人生遭遇到多大的变化，无论这个变化对我们的现在乃至未来会有多大的影响，都要记住：爱，需要适可而止！

2.若即若离，保持可望而不可及

很多时候，女人们都会遇到这种情况，他爱你，你也爱他，可是究竟该由谁来挑破这薄薄的一层纸呢？

此刻，男人和女人都在算着自己的小九九。对于女人来说，主动或是被动，哪一种选择更有利呢？有些女人选择了被动等待，就像古代那个守株待兔的老农一样，也许那只兔子会直直地冲向你，你能不劳而获，但是成功的概率并不比彩票中头奖高。还有一些女人以飞蛾扑火之姿将爱的绣球掷在了那个男人头上，也许你真的赢得了爱情，这自然值得庆祝一番，但是并不排除一种可能，就是你的主动虽然最终使你们确立了恋爱关系，但你却始终处于一种被动的地位，为了维护这段得之不易的爱情，你可能会小心翼翼，如履薄冰。

要保持对追求者的优势，无论是心理上还是实质上。

有个聪明的女孩说，林徽因很懂给男人幻想，"像在驴子额前吊一根萝卜，看得见，吃不着，放不下，把对方弄得神魂颠倒，她还可以睁大眼睛装无辜。"只是很感慨，像这样不仅吊了一时，还吊了一世，实在了得！那些常来客厅的朋友与林徽因的友情几乎都维系了一生。

是的，男人追求的目标，是远远超过自身的存在，是看起来自己追求不到的女人。所以要想他对你感兴趣，一味对他好是没用的，必须用些办法，激起他的征服欲。

你为男人关上了一扇门，就要再为他开一扇窗。

用你自己的方法，暗示这个男人可以来追求你。可以偶尔约会一两次，让他知道你虽然有很多人追，但却是洁身自好的。让他知道虽然你身处喧嚣之中，但自己还是安静的。以及让他知道，你会给所有人机会，但最终等待的是个执子之手、与子偕老的人。

最终目的就是要让他知道，你是他的目标，但不是一个可以轻易征服的目标。而这种目标，恰恰是最能够激起他们的喜爱、欲望和斗志的，能让他们用尽力气来对你好。

恋爱中的男女扮演着不同的角色，男性使尽浑身解数攻城略地，进退有度，女性控制恋爱火候，使男性保持不断进攻的态势，让男女关系的互动体现得淋漓尽致，和谐美好！

尽管当今社会恋爱态势日趋多元化，但无可争议的是，男攻女守——即男性主动追求，女性挑选接受，仍然是绝对的主流。

我们说的"男攻女守"并非指女性静静等待，不做任何反应以应对男性来进攻。殊不知，征战沙场的勇士虽不惧怕失败，但他会害怕你的拒绝让他颜面无存。如果你对某位异性有好感，高调和主动反而会吓跑男性，很少有男人会觉得被女人追到手是件值得骄傲的事。

美国著名两性情感专家约翰·格雷在《男人约会向北，女人约会向南》一书中提示，恋爱阶段男女约会的全部要义在于：对男人来说，需要从一点一滴的小事做起，显示他对女人的兴趣与关心；而对女人来说，则需要大方地接受他的示爱、他的付出，并且从这些过程中发现自己是不是真心喜欢他。所以，"男人追求，女人引诱"是最佳的情爱策略。

如果你的暗示没有引起男人的兴趣，那这个男人多半对你没有爱意，再怎样的努力也是落花有意流水无情。男人天生喜欢征服，得不到的东西才是最好的。欲擒故纵是猎杀男人的最好武器。即使你特别喜欢他，也不要低声下气，落入尘埃般的去苦苦乞求爱情。

女性以引诱响应男人的追求，是非常令男人兴奋的。因为男性总在不断地寻找机会证明他能给女性幸福。同时，男性的追求也让女性感觉到，有人正在努力地讨她欢心。这不仅使女性快乐无比，也让男性体会到追求成功的乐趣。在这方面，女性的默默接受好比是提供了一片肥沃的土地，使男性兴趣的种子得以成长。你只需做出允许追求的姿态，把追求的主动权交给男性，这种主动式的被动，会让他追得有成就感，他就会更珍惜你。

张小娴说过："女人的追求其实只是用行动告诉这个男

人，请你追求我！意思是拉开架势，垂下鱼线，愿者上钩而已。"而男人们津津乐道的是"以为是我勾引了你，谁知中了你的美人计"。

很多女性总是抱怨，为什么不停地付出，换来的却是男人冷漠的表情和更多的背叛？关键就在于她打破了男人主动、女人被动的情爱游戏规则，剥夺了男人征服女人的天性。

如果女人总想方设法取悦男人，满足男人的每个需求，男人不仅少了那层神秘感，还会在潜意识中要求女人："你还可以为我付出更多。"长此以往，女人一味付出，男人一味索取，男人的主动性变为彻底的被动性，女人的爱情悲剧就不可避免地发生了。

聪明的方法是若即若离，让他可望而不可及，最厉害的一招则是始终让他求之不得。若即若离也好，求之不得也罢，其实就是在男性面前摆"迷魂阵"，保持一定的神秘感，不让他一下子看透你。

女性朋友们不妨制造出一定的距离和空间，给他某种不确定感。让他花费更长的时间，更深入地关注这段感情，如同大树的根系深深地扎入大地，这样也是为你们将来有可能的婚恋生活打下稳固的基础。

恋爱就是一场攻坚战，势均力敌、攻守平衡才能动人心弦，有来有往的攻守过程才是其乐无穷的恋爱世界。男女双方在兵来将挡、水来土掩的较量和过招中增进了解，加深感情。如何让他在追求的过程中有成就感，在互动的情况下享受爱情的甜蜜，让感情不断升温？你需要防守有度，该矜持的时候要矜持，该热情的时候要热情，以守为攻、以退为进，激励对方保持不断进攻的态势,这才是"男攻女守"的核心目的。

万事万物就是这样相生相克,女人越柔弱,男人越刚强;女人越神秘,男人越好奇;女人越躲躲闪闪,男人越主动出击;女人欲拒还迎,男人反倒迎头赶上。有句话说得好:男追女,隔层山;女追男,隔层纱。但大多数男人不怕翻山越岭,因为中间的千难万险反倒让他们感觉到其乐无穷;纱很薄,大多数女人却不愿主动揭开那层纱,因为聪明的女人知道,神秘的面纱要由男人来揭开才更加惊心动魄,更加出神入化,浪漫迷人。

3.享受爱情,但时刻保持清醒

无数懵懂少女都曾经喃喃自语:"到底什么是爱情呢?"其实爱情有时候只是一种心灵上的感觉,一场精神上的盛宴。这样的爱情里,你感觉不到柴米油盐的琐碎,看不到捉襟见肘的窘迫,更不需要承担某种责任,美好,却虚幻。

林徽因曾经这样告诉儿子:"徐志摩当时爱的并不是真正的我,而是他用诗人的浪漫情绪想象出来的林徽因,可我并不是他心目中所想的那一个。"

在林徽因看来,徐志摩当年疯狂追求和爱上的只是文学世界里的林徽因,而不是现实中的人。

有人形容林徽因是从徐志摩诗歌中走出来的女子,她只是诗人心中创作的素材和文学作品的梦想寄托,诗人所追求的林徽因是一个被无数次理想化、诗化的女子，甚至是一个现实当中根本不存在的女子。

在这一点上，徐志摩和英国诗人雪莱有着惊人的相似。他爱的不是现实生活中的某个女人，而是与他的诉求相关的女人身上的某些特质以及由这些特质所衍生出来的理想的女子。这样的女子是完美的典型，但和现实中的人或者是原型又有着本质的区别和根本的不同，这和文学作品源于生活又高于生活有着异曲同工之妙，拔高了的形象只是意识世界的产物。

林徽因是理智的，她知道她"并不是他心目中所想的那一个"，所以她谨小慎微地把握着"永远照彻我的心底"的"那颗不夜的明珠"。徐志摩说："须知真爱不是罪，在必要时我们得以身殉情，与烈士们殉国、宗教家殉道，同是一个意思。"他理解下的感情脱离了生活的原态，甚至为爱而爱，为谈感情而谈感情，进而不惜"殉道"。

林徽因身上只是拥有了诗人创作的某些灵感，那是诗人所梦寐以求的东西。在徐志摩的意念里，和林徽因生活在一起，就等于和他的创作源泉生活在一起，和他理想中的人物形象生活在一起，这对他来讲，没什么比这更重要的了。所以，相比之下，妻子张幼仪和他的亲生孩子就显得微不足道了。而这一点恰恰是在感情之余又活在现实中的林徽因所比较看中的地方，在这一片区域里，她和诗人之间是没有交集的。

在文学创作方面，她和诗人可以无话不谈，可以共同经营诗歌里的那份浪漫，甚至在这些领域里产生感情的碰撞，这都是再正常不过的事情了。林徽因的好友费慰梅形容她对诗人的爱："她是被徐志摩的性格、他的追求和他对她的热烈情感所迷住了……对他打开她的眼界和唤起她新的向往充满感激。徐志摩对她的热情并没有引起同等的反应。她闯进他的生活是一项重大的冒险,但这并没有引得她脱离她家里为她选择的未来的道路。"

也许,在林徽因的心里,诗人徐志摩同样也只是一个梦,这个梦同样也是易碎的,经不起现实生活的风吹雨打。林徽因的文学创作受到了徐志摩的影响,比如那首《你是人间的四月天》,同徐志摩的作品丰富的感情和跳跃的思维有着并非偶然的相似。但也仅此而已,他们在感情上的重叠区域只是由诗歌所引发的精神世界的共鸣,这种共鸣好像并没有延伸到生活中,所以徐的追求成了一种幻想,他无法引领她共同迈进生活中,也就注定了他们之间的相遇相知会成为一个被封存的爱情神话。

1920年,林徽因16岁,正是花一样的年纪。

那一年,徐志摩24岁,一个风华正茂的年纪。

9月,年轻才子来到了这个终日烟雨的国度——英国。10月时,他登门拜访林徽因的父亲林长民,与林徽因初次相见。一个年轻貌美,一个才华横溢,在那座浸满了柔情的康桥小舟上,爱情便悄然而生了。

16岁的花季少女,遇上了一个才华横溢的英俊书生,怎能不心生爱慕。但这种爱慕不是爱情的全部,爱情不仅仅需要这种感觉,还需要能够承载现实的重量。我们不能靠着感觉生活,爱情需要走进现实里。

在现实里,徐志摩有妻子和孩子,这注定了康桥绝恋只是一座空中楼阁，永远无法成为现实。所以，林徽因终究没有和徐志摩成为恋人，他们只是朋友，亦或他是她的蓝颜，她是他的红颜。

其实，所有的爱情的起点都只是一种感觉，而感觉是最捉摸不定、变幻莫测的东西。林徽因和徐志摩是不是一见钟情，我们已经无从考证，但康桥绝恋的起源也只是一种感觉。

当这种感觉滋生的时候，因为不能正确地判断，所以根本无从防范，也无须防范。这种最初的感觉，也许只是某种程度的志同道合，在某个时间看到了这个人，感到身心愉悦，想要多说上几句话而已。

这种感觉无关婚姻，无关责任，无关道德，甚至无关爱情。它也许只是各自想象出的一种美好感觉，也许只是异性之间因为彼此的优秀而相互吸引的一种必然。我们可以对很多异性产生这种感觉，但最后不一定会发展成爱情。

林徽因和徐志摩的爱情刚开始的时候也是如此。当徐志摩来到林徽因在英国的家时，两个年轻人有许多共同的话题，喜欢诗，喜欢文学，喜欢美，会说一些家常，在交流中，他们彼此产生了好感，无关风月，无关爱情，只是人类最简单的交流而已。

如果，爱情永远都停留在这个时候，那它是一个美丽的梦，我们根本就不需要清醒，因为没有人会迷失自己。因为这种感觉所能涵括的不仅仅只有爱情，还有友情和亲情。我们可以想象一下，当你看到一对陌生的男女坐在一起，快乐地谈论天气，抱怨各自的职业时，难道他们一定要谈恋爱并结婚吗？也许下一个路口，他们就会擦肩而过，成为陌路人。

林徽因是清醒的,她没有为了一种感觉而背负"破坏"的后果,更没有为了一种感觉而让自己失去实质的东西。既然,爱情只是一种感觉,到了该放手的时候,那遗落就好,何必要让自己狼狈收场呢?

我们不得不佩服林徽因在爱情里的清醒,爱过徐志摩的女子,张幼仪让自己卑微到了尘埃里,陆小曼自始至终背负了骂名,只有她不仅保全了自己,全身而退,还留下了一段千古佳话。

其实,谁不曾有过这样的康桥绝恋,只是我们未必有林徽因这样清醒。当我们的康桥绝恋来临时,无须戒备,更不要为自己戴上太多精神的枷锁,要知道想得到太多只会自寻烦恼。我们需要做的只是享受这种感觉,享受每一个这样快乐的当下,千万不要辜负了这来之不易的美好。

但一定要记住时刻保持清醒,感觉不是爱情的全部,它只是一场精神的盛宴,要知道,它的存在或许只是为了让我们下一次爱得更好,更清楚爱情到底是什么。所以,千万不要为了这种感觉而沉迷,也不要让自己因此而狼狈,更不要为了这种感觉而放弃自己更加珍贵的东西。

曹晓丽的丈夫成熟稳重,事业上小有成就。走过几年的婚姻之路,他们之间的感情已经犹如亲情。夫妻俩平日里没什么矛盾,可曹晓丽却总觉得生活中少了点什么,似乎是日子太过平淡了,没有激情和浪漫,简直像一杯白开水。

偶然的一天,曹晓丽对丈夫说,她厌倦了现在的生活。说出这一番话的时候,她并没有顾及丈夫的感受。那天夜里,丈夫独自一人想了许久,只是没有做出任何举动。曹晓丽对丈夫的表现很不满，说他不知道何谓"危机感"，自己实在不知道还能指望他什么。

丈夫被激怒了，问她："怎么做你才满意？"

曹晓丽耍起了小女孩的脾气，给丈夫出了一个不切实际的"浪漫难题"："我要悬崖峭壁上的花，你得冒着生命的危险去摘，你愿意吗？"

丈夫无奈地摇摇头，说："明天给你答复。"

第二天早上，曹晓丽醒来时发现丈夫已经离开了。客厅的餐桌上放着一张字迹潦草的纸。

亲爱的丽：

原谅我，我不会为你去采峭壁上的花。因为，你出门总是忘带钥匙，我不得不跑回家为你开门；你上网时总是会把程序搞乱，每次都坐在屏幕前大发脾气，我不得不动手恢复那些搞乱的程序，还要安抚你的臭脾气；你累的时候总是痉挛，我不得不为你按摩；你喜欢旅行，可你却是个路痴，总是迷路，我不得不陪着你；你一个人在家里总是害怕，我不得不陪在你身边，让你感到安全；你偶尔会觉得无聊，为了给你解闷，我不得不想尽办法逗你开心。

所以，亲爱的，我不会去摘那朵悬崖峭壁上的花，除非我知道这个世界上还有人比我更爱你，我才会离开。

看到这里，曹晓丽的眼泪流了下来。信的下面还有一行字："如果你认为我说得对，就赶紧去开门，我买了你最爱吃的豆浆和油条。"曹晓丽急忙去开门，她已经忘了悬崖之花，看到手里拿着早点的丈夫，喜笑颜开。

她终于知道，爱情，只在这一朝一夕的相处中，平平淡淡的滋味中，最美最令人沉醉。每一份平淡中都有不凡，淡也是生活最浓的滋味。幸福，就像一杯清茶，细细品来，清香悠远，历久弥新。

三毛说，如果爱情不落实到吃饭，睡觉，数钱，就不能称之为爱情。

生活也无非是柴米油盐酱醋茶，平平淡淡地过小日子，有个可以依靠的安全港湾，是很多女人的追求。徐志摩有才，是个大诗人，但林徽因不可能同他一起靠啃诗句过日子，也不大可能在持续不断的浓烈热情中度过每一天的生活，尽管有爱，有感情，但生活毕竟是生活。

感情是必要的，但感情本身当不了饭吃，获得感情是必需的，但因感情而获得幸福的生活才是最重要的。林徽因同我们一样，都只是凡尘中人，生活在凡尘中就要遵循感情不等于生活的逻辑。

一碗粥、一杯开水，就是生活，生活是一种真实的状态，生活中可以有轰轰烈烈，但一直轰轰烈烈的绝对不是生活。生活中有责任，有亲情，有友情，生活中不可以没感情，但感情不是生活的全部。

我们需要明白，虽然感情往往会被一些生活琐事所消磨，但生活恰恰就建立在这些琐事之上。我们深陷爱河时，总以为感情就是生活的全部，但事实上，感情只是生活的开始。如果说感情是一项长跑，那么生活就是跑道。我们需要调节好自己的心理，要明白感情不是生活的全部。

女人都有一颗脆弱的心灵，这颗心灵不允许我们犯错误，我们的生活是很现实的，因为我们必须生活在这个社会里，所以就要遵从这个社会的规则去生活。感情经常发生在不该发生的时间和地点，让我们应对不及，有时候，这样的感情很热烈，像一团火焰，随时都可能将我们燃烧。越是这样的时候，我们越是需要明白，感情之外，还有生活。

我们都不是童话里的那个不食人间烟火的公主，必须适度地学会和浪漫妥协，要知道，平淡的生活才是感情的最终归宿。

我们每个人的内心世界里都有一个浪漫的自我，在外界诱因的作用下，它会时不时地跳出来左右我们的判断，让我们按它的意志去做出一些动作，来满足它的欲求，很多女子都败倒在它的脚下。我们还可以选择不听它的使唤，虽然要承受一些痛苦，但却不必承受热烈过后留下的创伤。

感情，不等于生活。我们要感情，更要幸福的生活！

4.在你考虑爱情时，别忘记衡量"现实"

至今仍然有许多女人还坚信：只要有爱情，就可以克服一切困难。还有些年轻人准备好了，要为自己不切实际的梦想而牺牲一切。

年轻女人似乎一直都在强调清纯和高尚，不论是思想还是身体。绝大多数女人年轻时，都在顺应着这种趋势，毫无计划地生活着，而到了三十岁才和其他人一样，开始意识到世俗的巨大力量,而忙忙碌碌地开始学着"庸俗"。何必呢?

你不可能做一辈子天真的少女,如果能早一点承认内心的"庸俗",也许就可以在三十岁以后,或者四五十岁时过上优雅的生活。

当徐志摩发现林徽因读书很多,对一些名家作品深有见地,她活泼跳跃的思维和明澈清新的鉴识就触动了他。徐志摩因而向她展开了爱情的攻势,但林徽因对于他,不过是一个年轻女子朋友式的可爱。

当林徽因发现徐志摩对她的情感超越了友谊的界线,她很理智地求助于父亲,并央求给徐志摩一封婉拒的信:"阁下用情之烈,令人感惊,徽亦惶惑不知何以为答,并无丝毫mockery(嘲笑)之意,想足下误解了。"

虽然已发出明确拒绝的信号,但徐志摩却不予理会,毅然决意与张幼仪离婚,并在写给张幼仪的离婚信中说:"……真生命必自奋斗自求得来!……彼此有改良社会之心,彼此有造福人类之心,其先自作榜样,勇决智断,彼此尊重人格,自由离婚,止绝苦痛,始兆幸福,皆在此矣。"显然,他是受了西方自由主义观念的影响,全然走向了一个所谓自由的极端。

这种"自断后路"的决绝并没有换来林徽因的"回心转意",徐志摩定义下的"真正的幸福"与林徽因并不在同一个频率上。梁启超得知后,也对他的行为提出了批评,他要求徐志摩不要"把自己的欢乐建筑在别人的痛苦之上"。

林徽因回国后不久,便和梁思成订下了婚事,为了防止徐再闯入他们的生活,他们还用英语在门上贴了一张纸条:"恋人想单独在一起。"

　　林徽因有自己的追求，她不祈求徐式那种轰轰烈烈的爱和那种纯粹、绝对而极端的西式爱情，她显然深知，越是热烈的东西越不是长久的，况且徐所做的已经背离了传统中国理念。

　　后来，失望之极的徐志摩转而去追求另一个女人陆小曼，梁启超也勉强同意做他们的证婚人，但他在他们的婚礼上也不忘严厉地批评徐志摩这种不负责任的行为，要他"以后务要痛改前非，重新做人"。

　　这件事从侧面上也反映了林徽因当初所做出的正确选择，她追求的婚姻和爱是符合正统的，是值得大家为她祝福的。

　　这并不是说，只有变得庸俗，才能生活得好。而是说，如果能抛弃对金钱和现实的洁癖，对于女人们来说，拥有健康的身体，找个体面的工作，选择帅气又有能力的男人结婚，这些想法都是理所当然而且合情合理的。

　　但有不少人认为，重视以上这些现实价值，就不得不抛弃诸如道德伦理、爱情、理想之类的精神价值。

　　其实，真正重要的是，我们首先要抛弃一些不切实际的想法。精神只有依附于现实才会显得有意义。

　　诚如林徽因的儿子梁从诫所说："那时，像母亲那么一个在旧伦理教育熏陶下长大的姑娘，竟会像有人传说的那样去同一个比自己大八九岁的已婚男子谈恋爱，简直是不可思议的事。母亲知道徐在追求自己，而且也很喜欢和敬佩这位诗人，尊重他所表露的爱情，但她却是不爱他的。"

可见，林徽因追求自己的生活，她是理性的，不会因徐志摩的热烈而改变。同时代的一批新女性，很多都是从追求自由的爱开始，但最终不少都沦为爱的奴隶，并为之所困。唯独林徽因虽受西学影响，骨子里却还是向往平凡而踏实的家庭生活，并且和丈夫一道成就了不平凡的一生。

不管怎样，女人早一点承认内心的"庸俗"，这是一件让人兴奋的事情。因为看清现实就意味着在现实环境的压力下，能够表现出超脱的能力，让现实成为有利于自己的工具，帮助自己成为人生的主宰者。

为了未来的幸福着想，就要轻松地摆脱对"庸俗"的偏见，早一些把现实的层面考虑进去，这绝对不是什么可耻的事情。

5.请相信爱，也请相信有一种爱叫做放手

爱要学会放手，喜欢一个人不一定在一起才幸福，真正的爱便是如此，不求回报，不愿拖累，即使爱已深入骨髓，也毅然选择放弃。如若那满满的爱带来的只是无尽的烦忧和困扰以及对自由的一种束缚，那爱便太重、太沉、太苦了。何不放开手里的缠绕，让爱的人自由，让爱自由呢？

从小到大，我们一直都在寻找着可以与人连结，又可以与自己连结的双向感情。我们在寻找所爱的人的同时，也希望对方对我们有着同样的感情。结果也只有两个，爱或不爱。最怕的就是

当爱已不在，唯一的出路就是放弃和放手。

也有一种情况就是，还爱着却因为种种情况不能再爱。我们常常听人说："爱一个人，就要让他幸福！"但在现实生活中，要做到这一点并不容易，因为他的幸福未必是自己能给的。那也意味着有时我们必须放手让爱的人走，这是一个痛苦的抉择。因为要放弃曾经有过的美好感觉，放下曾经拥有的执著，很难。

金岳霖比林徽因大9岁，比梁思成大6岁，夫妇二人视他如兄长，他们毗邻而居，关系十分亲近。后来战乱，偶尔不在一地，例如抗战时在昆明、重庆，金岳霖每有休假，总是跑到梁家居住。金岳霖对林徽因的人品才华赞羡至极，十分呵护她；林徽因亦对他十分钦佩敬爱，他们总是能适时地明白对方的意愿，心灵沟通非同一般。时日长久，两人之间产生了一种微妙的感情，但这时林徽因已经罗敷有夫，而且丈夫梁思成一直爱她敬她，他何其无辜？当什么事情都没发生过，她又做不到。

终于有一天，林徽因经过深思熟虑，对梁思成毫不隐讳地说起自己同时爱上了两个人，不知怎么办好。她坦诚得如同小妹求兄长指点迷津一般，把决定权交给了自己的丈夫。梁思成听到后，矛盾痛苦至极，但他比较了金岳霖优于自己的地方。梁思成在文学、艺术各方面都有一定的修养，但缺少金岳霖那哲学家的头脑，金精通英文，习惯于用英文思考哲学和逻辑学问题，但又在中国传统文化中浸濡很深，总能跟上林徽因那敏捷的思维，并常常可以切中要害。同时，他和林徽因在艺术上有更多的话题，他对中国山水画有很高的鉴赏力，还酷爱京剧，家中收藏有许多京剧名角的唱片，自己也能唱得有板有眼。苦思一夜，次日，梁思成眼圈晕黑，决定把选择权交给妻子："你是自由的，如果你挑选老金，我将祝你们永远幸福！"林徽因又原原本本把一切告诉了金岳霖，金岳霖的回答更是率直坦诚："看来思成是真正爱你的，我不能去伤害一个真正爱你的人，我应该退出。"于是她也欣慰地放手了，此后，他们三人毫无芥蒂，终身为友。金一直跟着梁、林作邻居。他们相互间也更加信任，甚至有时梁思成林徽因夫妻俩吵架，也是找理性冷静的金岳霖仲裁。

放手和放弃，其实并不是非得在爱情消逝的时候去做。事实上，当爱情还在的时候，在爱还没成为伤的时候，就该懂得放手的智慧，这也是爱情中最高的智慧。林徽因正是因为她的这种智慧，使她在三个人的爱情中还能保持清醒，以她的坦诚赢得了丈夫的谅解和金岳霖的尊重。

每天，蜜蜂都会来到花园，直奔着一株玫瑰花飞过去，拼命地吮吸着花蜜。那是一株硕大的红玫瑰，它美丽的样子和甘甜可口的花蜜，令蜜蜂沉醉不已。对于蜜蜂来说，如果每天能够从它的身上吮吸一点花蜜，简直就是人生中最幸福的事。

然而，一场大雨过后，那朵盛开已久的玫瑰花枯萎了。蜜蜂像往常一样，又落在玫瑰的花蕊中。它拼命地吮吸着，但这一次它吮吸到的不是花蜜，而是毒汁。蜜蜂知道这一点，因为毒汁是苦涩的，与花蜜的味道完全不同。但它不甘心，也舍不得离开，它只是不停地抱怨，为什么花蜜的味道变了。

终于有一天，蜜蜂不知道因为何故，扇动着翅膀飞高了一点。这时候，蜜蜂突然发现，那朵枯萎的玫瑰花周围，到处都是鲜花，只是一直以来被它忽略了。

娇艳的玫瑰象征着爱情，采蜜的蜜蜂象征着爱情中的人。美丽的爱情会给人带来甜蜜的幸福感，可当爱情枯萎的时候，人们就无法再从中吸取甜蜜了，若是苦苦强求，最终得到的也只是苦涩。可是，在现实生活中，当一场轰轰烈烈的爱情成为过往时，年轻的脚步总是难以做到从容又决绝，就像蜜蜂一样苦苦留恋着过去的美好，不肯承认自己吮吸的是毒汁。要知道，世间万物都有生命，爱情也不例外。所谓的海枯石烂，不过是一个遥不可及的承诺，如果两个人能够让这份感情保持到彼此生命的结束就已经是"永远"了，若是没能相扶走到老，那也不必为此拒绝未来，试着放手继续走自己的人生路，才是明智的选择。

莜沐与林峰的恋爱像一场马拉松赛，顺利走过了三年之痛，熬过了七年之痒，终于步入婚姻的殿堂。林峰的家庭条件很优越，莜沐与他结婚的时候举办了一个中西合璧的婚礼，羡煞了婚礼上的那些待字闺中的女友们。然而，浪漫的婚礼并没有让幸福延续。

婚后不久，林峰就有了外遇。不过，纸终究包不住火，他用出差之名欺骗莜沐的把戏被揭穿了。莜沐崩溃了，丈夫对于自己的出轨并没有丝毫的愧意，甚至当着莜沐的面谈及和那个女人的故事……莜沐给了林峰一个耳光，消失在他的视野。

筱沐选择了离婚，由于房子是林峰婚前的财产，筱沐无权拥有。这一场失败的婚姻，筱沐净身出门，她真的一无所有了。筱沐不敢把这件事告诉朋友和父母，她觉得自己是丢脸的，结婚才八个月，家里就出了这样的丑事……别人听了是会骂林峰负心汉，还是骂自己瞎了眼？

没有林峰的日子，筱沐突然发现自己失去了生活的方向，因为她这些年的人生始终都以林峰为圆心，没有了这个"点"，生活该怎么继续？那段日子，她辞去了工作，每天抽烟、酗酒，在堕落中寻求解脱，可她的心终究捱不过那段痛苦的记忆。直到有一天，她接到了好友晴的电话，一个晴天霹雳般的消息传进了她的耳朵：晴得了乳腺癌！

筱沐停止了对生命的挥霍，她第二天便起身去了晴所在的城市。这个和她相识已有十年的女子，是她最好的朋友，现在竟然站在了死亡的边缘……筱沐不愿接受这个事实，更不敢接受这个事实，她害怕再失去一个至亲至爱的人。陪伴晴的日子里，筱沐暂时忘记了痛楚，她觉得自己是晴的支柱，她唯一的心愿就是晴能够坚强地活下去。

最终，晴选择了切除左侧的乳房，尽管这让她失去了做女人的魅力资本，但与生命比起来这些都不重要了。陪伴在晴身边的筱沐，在目睹了这一切之后也终于明白，不管发生什么都要好好地活下去！

我们都知道世间有一种爱叫做长相厮守，却不曾想还有一种爱叫做放手，就像芬芳带刺的玫瑰，用结束自己娇艳欲滴的生命成全恋人的爱情；就像惊艳的昙花，用刹那盛开的美丽成全了夜的寂寞。当爱已成往事，心爱之人已经离你而去，那就该勇敢地说一声再见。过去不再重来，但生活却依然在继续，一个人的世界多了一份寂寞，但也少了一份沉重与不安。当他不爱你的时候，就该试着学会放手。

也许每件事都有对错，唯独爱情分不出绝对的对错，每个人想要选择的爱情不一样，勉强的爱情就像是强扭的瓜，不甜。许多时候，我们固执地认为，爱就是拥有，即使明知爱已走远，但心里仍存有一份侥幸，觉得只要我们牢牢握紧他就还会回来，事实却是，我们握得越紧，他越会远走。

当爱已走远，很多不美好的感觉开始浮现心头。紧紧拽着，只会让自己和对方一起痛苦纠结，能否惩罚对方是个未知数，但是自己绝对是被惩罚最深的一个。因为自己把自己享受快乐和幸福的可能剥夺了。爱不是一种权利，更不是交易，所以不能用占有的方式和控制的方式对待它，因为你能控制和强迫对方的身体和行动，却束缚不了对方的心。因此，林徽因的智慧更让人觉得敬佩。

所以，在生活中，如果有一天我们遇到了这样的情况，当爱情逝去，也不需要争吵，也不要让我们的记忆永远停留在灰暗的角落里。如果有一天我们想放弃对方，也不要觉得有负担，因为这是给双方幸福的机会。

莎士比亚说："再好的东西都有失去的一天，再深的记忆也有淡忘的一天，再美的梦也有苏醒的一天，该放弃的绝不挽留。"

因此，当爱情走远的时候，无论是发生在自己或是对方身上，放手是唯一的出路，也是最明智的选择。如果不能放弃曾经的美好，不能放下曾经的执著，只会让更多的痛苦压在自己的心上。失去了一个爱人，但不要因此丧失爱的能力，他可以不爱你，但他不能阻止你爱自己，你也不要让他的离去剥夺了你重新开始享受快乐和幸福的机会。

当爱情走远的时候，学会用微笑来送别吧！但是你要继续相信爱情，相信好男人还存在，并在茫茫人海中寻觅你。

第四章

修炼婚姻
——像林徽因那样与他并肩

可以说，是林徽因用自己的坦诚换来了丈夫的理解和宽容，丈夫亦用他开阔的胸襟和坦荡无私换来了她至真不渝的爱。

1.女人生命里的三个男人

有人评论说，林徽因与徐志摩共同出演的是一部青春感伤片，浪漫与绝唱；她和梁思成导演的是一部婚恋正剧，甘醇而绵长；与金岳霖合演的则是一部地道的悲情传说，无奈与悲怆。哪一个故事捞出来都是一部巨著、大片，与丈夫的两情相悦，与徐志摩和金岳霖的单向相悦，构筑了林徽因人生的浪漫奇谈。

林徽因是充满智慧的，她较好地处理了和丈夫之间的关系，还理智地将其他感情拿捏得恰到好处。

林徽因与徐志摩的故事，其实早在她十几岁的时候，正值豆蔻年华的时代就已经开始上演了。诗人用他超凡脱俗般的热情，向她发起"攻击"，林徽因亦被其所染，徐志摩的浪漫与清逸、激情与热度，都曾深深吸引了她。但是，最终林徽因却选择了欣赏，她没有去把握这段情，她也没有像同时代的丁玲、石评梅、庐隐那样，大胆地追求所谓自由的爱。她的驻足观望，无疑也为她赢得了尊重，就连徐志摩的妻子张幼仪也对她有着至高的评价，当她得知徐志摩所爱何人时，曾说过："徐志摩的女朋友是另一位思想更复杂、长相更漂亮、双脚完全自由的女士。"

林徽因的朋友费慰梅曾这样说："我猜想，徐在对她（林徽因）的一片深情中，可能已不自觉地扮演了一个导师的角色领她进入英国诗歌和英国戏剧的世界……同时也迷惑了他自己。我觉得徽因和志摩的关系，非情爱而是浪漫，更多的还是文学关系。"

　　之后，便是与梁思成甜蜜美好的相恋。两人经历了车祸，共赴欧洲求学，结婚，欧洲蜜月，回国任教于东北大学等一系列历程。这段感情，来得平实简单，不招摇却幸福满满。

　　然而，故事却还没完。林徽因生命中的第三个男人出现了，他就是大哲学家金岳霖。这段感情发生在两人婚后，对于这段感情的描述，有记载这样写道：

　　林徽因、梁思成夫妇家里几乎每周都有沙龙聚会，金岳霖始终是梁家沙龙座上常客。他们文化背景相同、志趣相投、交情也深，长期以来，一直是毗邻而居。金岳霖对林徽因人品才华赞羡至极，十分呵护；林徽因对他亦十分钦佩敬爱，他们之间的心灵沟通可谓非同一般。金岳霖自始至终都以最高的理智驾驭自己的感情，爱了林徽因一生。

　　可以确信的是，林徽因与金岳霖确实彼此相爱，为此，金岳霖还终生未娶。或许，只一个"终身未娶"便可道尽林徽因耀眼的女性魅力。

　　也许，一身诗意的她，确受得起这默默无声的爱之誓言。所以，有人说，女子当如林徽因，俨然，这似乎已成为一个完美女人的标准。但是，我们要知道的是，每个女人的一生中，都会遇到三个人——一个你最爱的人，一个最爱你的人，还有一个和你共度一生的人。

　　然而遗憾的是，这三个人在大多数情况下都不能合而为一。你最爱的，往往没有选择你；最爱你的，往往不是你最爱的；而最长久地陪伴你，和你步入婚姻的，偏偏不是你最爱也不是最爱你的，只是在最适合的时间出现的最适合你的那个人。

为什么呢？

大千世界茫茫人海，相爱的人很多，但并非所有的人最终都能牵手步入婚姻的殿堂。有的人只是适合恋爱而并不适合结婚，适合做夫妻得满足一些基本的要件，否则即使勉强结为夫妻也将难有幸福的生活。

只能说，爱得死去活来、惊天动地的恋人并不适合做夫妻，他们的婚姻比普通人存在更大的风险。因为爱得越深，对方就会成为你目光的焦点，你无时无刻不在关注着他的一言一行。有时沾沾自喜，有时患得患失，一旦有什么不能做到尽如你意，没有给你预期的回报，你就会失落就会埋怨："我对他付出了那么多，为什么他总是视而不见，无动于衷？"

这是很多恋人和夫妻间的问题，因为太爱，就不能用平常心来看待。搞得自己疲惫不堪，也把对方打入了痛苦的深渊。太多的爱，累了自己，伤了别人，得不偿失。最后爱情在琐碎生活的磨砺中消失殆尽，有情人落得分道扬镳的伤感结局。

婚姻里，要的就是合适。所谓合适，代表的是一种比较舒适的状态。两个人在一起轻松快乐，没有压力，那样才可以保持永远的活力和热情，太多的牵扯会消耗过多的心力，让爱情在凡俗日子里迅速衰老，直到死亡，直至尸骨无存。

一生的日子，要两个人一天天地过下去，爱情是玫瑰，只适合锦上添花。现实是多么的残忍，面对生活的苦和累，柴米油盐的琐碎，会把爱情所有的光芒暗淡，让爱情的花朵枯萎凋落。等到风景都看透，我们要找的只是一个能陪你看细水长流，把你当成手心里宝贝的爱人。

决定嫁（娶）一个人，只需一时的勇气；守护一场婚姻，却需要一辈子的倾尽全力。因为，爱情可以高雅到不食人间烟火，而婚姻，却要脚踏实地，苦乐与共地和爱人携手走完一生的日子。有时候，婚姻的缘起，除了爱情，或许还有最现实不过的相依为命。你最后选定了要一起走下去，并真的在同行的过程中相扶相持、白头偕老的那个人，未必是你最爱的那个人，也未必是最爱你的那个人，却一定是这世上最适合你的那个人。

2.距离，最好在转身之间

有一个故事说，有两只刺猬在严寒中伏卧在一起，想得到对方的温暖，但由于靠得太近，它们身上的刺却刺伤了对方，又只好相互分散到适当的距离，以达到既不受伤害又不失温暖为止。

所以，夫妻之间应该有个适当距离才好，唯有把握好相处的距离，才能互相包容对方身上不同的素养、性情、爱好、观念、习惯和其他所有的差异，同时又能维护良好的感情。

在通往幸福的路上，谁都渴望有心爱之人的陪伴。可是，有些人能一同抵达幸福的终点，有些人却在中途分道扬镳。相爱的刺猬希望朝朝暮暮在一起，彼此亲密无间，最后都付出了生命的代价。如果它们能够记得前世发生的事情，那么转世成为连体人的它们一定会后悔当初太傻，若是那时彼此保持点距离，也许可以一直相互依偎，不会落得如此凄惨。

在爱情的旅途中，到底两个人该怎样相扶相携才能走得远呢？爱是需要距离的，恋人之间不可能时刻都亲密无间，否则爱情之花就会凋谢。只可惜，女人总是后知后觉，很多道理都要等到受伤后才会明白，可是那样是不是有点太迟？

梦佳很爱她的男友达达。为了达达她放弃了出国的机会，因为她担心距离会把他们分开。上班的时候，她每天都要达达挂上QQ，自己在公司里的大事小事她总是第一时间给达达"播报"；下班后，她总会到达达的单位门口等他，两人一起吃晚饭，每天分别的时候都恋恋不舍。别人都看得出梦佳对达达的爱，可是达达心里却有说不出的苦。

达达总是对朋友说："我们不在一起的时候，我确实很想她。可是在一起的时候，我却有点烦她。也不是我的要求太高，我只不过渴望有点自己的空间。周末我想去打打球，可梦佳总是拉着我去逛商场；晚上下班我想和朋友们侃侃大山，出去喝点酒，可她却要跟着，一会儿不让我做这，一会儿又不让我做那，真是烦死了！"

梦佳的好友知道达达的心理活动后，暗示过梦佳：给男人一点空间。可梦佳却觉得自己渴望和达达时时刻刻在一起没有错，毕竟她也是因为爱达达才这样做。不过，她的爱太沉重了，达达终于不堪重负向梦佳提出了分手，理由很简单，只有一首诗：生命诚可贵，爱情价更高。若为自由故，两者皆可抛！达达告诉梦佳，在爱情和自由面前，他更想要自由。

达达和梦佳分手的时候，看得出他也很难过。梦佳更是哭得一塌糊涂，她不知道自己到底做错了什么，苦苦央求着达达不要离开她……

梦佳和达达真是一对可怜的恋人，甜蜜的爱情成了负担，把两人压得喘不过气。梦佳是努力地靠近达达，付出了百分之二百的真心；而达达却承受不住这份沉重的爱，拼命地想逃离。其实，如果梦佳能早点听朋友的劝告，多给达达一点自由的空间，她自己就不必爱得那么辛苦，也不会让达达那么为难，两个人完全能够甜甜蜜蜜地爱下去。爱得太深、爱得太自私、爱得占有欲太强，就会令彼此都觉得疲惫不堪。梦佳不明白，很多女人也不明白：男人要爱情，但他更要自由。

当女人给予的爱让他们感到过分沉重的时候，他们便会想到逃离。"享受"爱情也会变成"索取"爱情，两个人的感情再也没有最初那般纯美。男人是独立的个体，而不是女人的私人物品，他们有自己的交际圈，也有自己的"地盘"，当女人把索要爱情的触角伸向了不该伸的地盘时，男人只会觉得女人不可理喻。

爱情是甜蜜的，但它也有秉性，这就如同仙人掌，它明明不需要太多的水分，而你却因为"爱"拼命地浇灌，结果可想而知。想要呵护自己的爱情，就必须掌握爱的秘诀，那就是适当地保持距离。真正的爱是有弹性的，彼此不是僵硬的占有，也不是软弱的依附。相爱的人给予对方的最好礼物是自由，两个自由人之间的爱，拥有张力，这种爱牢固而不板结、缠绵却不黏滞。没有缝隙的爱是可怕的、令人生畏的，爱情在其中失去了自由呼吸的空气，迟早会因窒息而"死亡"。

据西方心理学家研究发现，男欢女爱亲密如初的感觉最多只能持续三个月。所以我们要懂得这个时间周期，不要过了几年了还依然故我。把握好相处的距离，诚如心理学家所说的那样："随着时间的推移，人们对过去事物的回忆具有某种扬善弃恶的本能，会忘却或者忽视对方的缺点，会反思凸显对方的优点"，把握好距离，也就等于把握住了幸福。

梁思成说："林徽因是个很特别的人，她的才华是多方面的。不管是文学、艺术、建筑乃至哲学她都有很深的修养。她能作为一个严谨的科学工作者，和我一同到村野僻壤去调查古建筑，测量平面爬梁上柱，做精确的分析比较，又能和徐志摩一起，用英语探讨英国古典文学或我国新诗创作。她具有哲学家的思维和高度概括事物的能力。"虽说林徽因的节拍相对快了些，但她还是努力维护和丈夫之间距离的和谐感，她做到了，并得到了丈夫高度的认可。

作为两个个性完全不同的人，林徽因热情、要强，富有个性，情绪有些极端，梁思成稳重、冷静、低调，懂得沉默。一个像一团火，一个像一汪清水，本来是有些水火不能相融的，但他们通过共同的志趣和对彼此真诚的爱，将他们的个性完美地融合在一起。

在野外的工作中，是不可以少了林徽因的，否则梁思成会觉得浑身不舒服。他在给林徽因的信中说："你走后我们大感工作不灵，大家都愉快地回忆和你共处工作的畅顺，悔惜你走得太早。"是的，他早已习惯了身边的她，她必须处在他一转身的距离内，不然他就会"六神无主"。

经常外出考察的梁思成，有时难免让双方的距离远了一些，此时金岳霖对正怀着身孕的林徽因悉心照顾，使得林徽因对他萌生了一种感情，从而才有了梁思成考察回来后林徽因苦恼的倾诉。

两个人相处，距离是需要近一些的，要不然对方一转身，没有发现你的身影，会顿时失去安全感。而太远的距离则是一个危险的信号，一方可以暂时脱离对方的视线，但绝对不要太久。

有时候，女人是男人的心灵靠山，女人亦必须深谙此道，方能于轻松之间驾驭男人的心。

在"太太的客厅"里，林徽因总是能成为最亮眼的人物。虽然客厅里汇集了当时的各界名流，她毫不掩饰自己的个性与激情，而梁思成深深理解她的做法，他的一贯态度就是沉默，给了她充裕的自由，让她按自己的想法去为人处世，成全她所有的意愿。林徽因的单纯，她的不崇拜物质，以及她对出入世之间的把控，都让她赢得了与丈夫相处的优越距离。毕竟，在所有的聚会上，如果没有梁思成的配合，林徽因的"独角戏"是唱不下去的。

本来算得上是千金大小姐的林徽因，嫁入梁家后并没有享受养尊处优的生活，除了诗文建筑，柴米油盐的琐碎生活也经营得井井有条。战乱后的折腾令她的身体每况愈下，在那样的情况下她还坚持打理家务等相关事宜，她给予梁思成的更多的是感动和心疼，所以当他们的境况略微改善后，林徽因的身体好转了，梁思成像是过年似的把这个好消息四处转告。

把握好相处的距离，需要真心的付出，将真正的爱延伸到生活的点点滴滴中。

在林徽因所有公开的文字里，人们好像看不到半点对梁思成或者那个家庭的丝毫不满或抱怨，她对家庭与丈夫始终有着强烈的爱与关照。而她获得的回报是，梁从徐志摩遇难的现场找回一块飞机残骸交给林徽因，并允许她郑重地将其长期挂于墙面显眼的地方，当林徽因说出对金岳霖的好感时，他居然说，若是真的，那就嫁给他吧。他们之间的距离真的是可远可近，在弹性之间，在一波三折中却没有形成波澜。连林洙提到林徽因时也说："她是我一生中所见到的女子中最美、最有风度的。"

距离的确也是需要经营和精心打理的，虽说是距离产生美，但也要合适的距离，很多时候距离太近反而易使双方受伤，而距离太远，让对方转身的时候找不到，又怎能产生美呢？

由于我们生活的环境不同，接受到的资讯信息不同，也就有着不同的情感取向和价值观。作为独立的个体，其实不管男人还是女人，每个人都有自己独立的空间，也都有一些存在于内心深处不想与他人分享的人生经历及感受，所以彼此之间的距离可以说在一定程度上决定了两个人相处的幸福指数。

不太聪明的女人往往刻意要求对方公开他的"秘密空间"，甚至认为对方公开透明的程度是爱的忠诚度的考量标准，有句话叫"水至清则无鱼"，这种没有距离感的感情其实是让人无法呼吸的，就像抓沙子一样，越是想抓得紧、抓得多，反而流失得越快，也越多。等到对方实在受不了了，可能也是他要离开的时候了，所以太近的距离是很有杀伤力的，同时女人也阻断了自己的退路。

当然，成天腻在一起也未必是件好事，久而久之也会造成审美疲劳，林徽因的偶然离开，反而为梁思成留下了更美好的印象和念想。

太远的距离自然不好，尤其是当下的社会，条件好的男子在正常的情况下尚有人盯着，一旦产生长期的距离差，岂不是给别人腾出了时间和机会？有不少的感情就是在这样的时刻被瓦解了，造成了既成事实，责怪谁都是没有意义的，只能怨我们自己没有打理好彼此之间的距离，是自己给别人创造了时机。

可取的做法是，偶尔出次小差，或者偶尔回趟娘家，少则一天两天，多则三天五天，让对方略有牵挂，但不至于分心，甚至不给他提供任何可以让别人加温的机会，自己就回来了。他当然会念着我们的好，平时衣来伸手饭来张口，但当你小离几日，他才发现原来有女人的日子才真叫日子，所以才有"小别胜新婚"的说法，的确是有一番道理的。

适当地创造时空的距离感，有时真的可以创造出一个新的境界，为感情生活注入更加新鲜的活力与滋味。适时地给婚姻减压，让各自保留新鲜感，为生活增添更多乐趣。

3.夫妻要拥有相同或相似的价值观

爱情不是花荫下的甜言，不是桃花源中的密语，不是轻柔的眼泪，更不是死硬的强迫，爱情是建立在共同的基础上的。

林洙在《困惑的大匠梁思成》中写道:众多兄弟姐妹里,梁启超最寄望于思成,从学业、婚姻到谋职,无不一一给予入微的关怀、照顾。思成结婚前夕,梁启超致信说:"你们若在教堂行礼,思成便用我的全名,用外国习惯叫做'思成梁启超',表示你以长子资格继承我全部的人格和名誉。"(梁启超:《手迹》)而且,梁启超还是开明的。梁思成具备多方面发展潜能,梁启超没有规定儿子一定要走哪条路,只是不希望他再做政治家。

当林徽因与梁思成憧憬着美好未来的时候,自然少不了专业选择问题。林徽因由于受到欧洲所见所闻的影响,她告诉梁思成,以后准备学习建筑。这让梁思成感到很意外,在当时的环境下,他觉得眼前这个清秀、文弱的女孩子选择"建筑"是个意外。梁思成问:"建筑?你是说house(房子),还是building(建筑物)?"

林徽因笑道:"更准确地说,应该是architecture(建筑学)吧!"林徽因把建筑比作"凝固的音乐""石头的史诗",她的状态影响到了梁思成,他就这样糊里糊涂地选择了建筑学专业。

梁思成后来说:"我第一次去拜访林徽因时,她刚从英国回来,在交谈中,她谈到以后要学建筑。我当时连建筑是什么还不知道,林徽因告诉我,那是艺术和工程技术为一体的一门学科。因为我喜爱绘画,所以我也选择了建筑这个专业。"

林徽因在面临诸多诱惑的情况下,能够与梁思成度过一生的幸福时光,很大程度上得益于他们共同的事业,他们除了用深情的目光相互送情外,更多时候,是在注视同一个方向。所以,在他们结婚20周年家庭聚会时，林徽因的一个压轴节目是做了一个关于宋代都城的建筑学术报告，这放在一般人身上绝对是不可思议的。

林徽因把梁思成推上了一条轨道，他们俩沿着相同的方向共同航行。他们一起出国，一起进入宾夕法尼亚大学。由于该大学建筑系里不收女生，于是林徽因选了与建筑有很大关联的美术系，而梁思成念了建筑系。这样一来梁思成学了建筑也相当于她学了，她也可以相对自由地去旁听建筑学方面的课程，自己又学了美术，真的是一举多得。

在美国的求学过程中，林徽因意外断了经济后援，于是不想继续学习了，打算马上回国，自谋生路。梁启超说："徽因留学总要以和你同时归国为度。学费不成问题，只算我多一个女儿在外留学便了。"（《与思成书》）

几天后梁启超就着手兑现，致信问梁思成："林徽因留学费用还能支撑多少时间，立刻回告，以便筹款及时寄到。"当时，梁家的经济也很困难，梁启超准备动用股票利息解难，甚至说了这样的话："只好对付一天是一天，明年再说明年的。"由此可见，梁启超早已把林徽因提前纳为家庭的一员，对徽因多了一份舐犊之情。在给海外子女的信中他牵挂着孩子们："思成、徽因性情皆近狷急，我深怕他们受此刺激后，于身体上精神上皆生不良的影响。他们总要努力震摄自己，免令老人担心才好。"（《给孩子们书》）

梁林的婚姻俨然天作之合，梁启超等父辈是他们强有力的支柱，不光是他，林徽因的母亲与他们看的也是同一个方向。

林徽因的母亲看到梁思成待人谦和、彬彬有礼，自然很喜欢他，所以每当梁思成来看林徽因时，她总是特别吩咐家里的专业厨师多精心准备几个小菜，很是看好他们。

这俩人承载着家长的祝福，加之出身教育与文化构成有太多的相似之处，可谓志趣相投。林徽因与梁思成的结合其实已经是既定的事实，因为他们身后有着庞大的推动力，从各方面看，他们都在向着同一个方向发展。

较早的生活方式的趋同，培养了他们之间的默契度。

回国后，他们同在东北大学建筑系执教，尔后回北平（北京）工作。此间他们一起设计了吉林大学校舍、沈阳郊区的肖何园，他们还常常偕同外出考察古建筑，不怕路途艰辛，同甘共苦。共同的志向和事业，将他们结合得日益紧密起来。

很多女人的感情、生活、工作和男人是两条永不相交的平行线，各有各的圈子，各有各的行为路径，太多的时候两个人同视两个方向，久而久之，感情难免会平淡化。

真正的爱情不是四目相对，而是两个人同视一个方向。如果爱不是建立在共同的追求和价值观的基础上，将来就会很容易出现矛盾。

聪明的女子都会选择与自己价值观相似的男人为配偶，在彼此价值观相似的情况下，才可能长期进行密切的交往和深层的沟通，共同向着相同的目标行进，彼此相互配合，使双方产生越来越多的安全感和满足感。共同的目标感、思维习惯和相似的作为，都是感情和谐度提升的加速器。

在杨澜的语录里有这样一段话："我认为婚姻最坚韧的纽带不是孩子，不是金钱，而是精神上的共同成长。爱情有时候也是一种义气,不光是说这个人得了重病,或者他破产了你仍然跟他在一起。还有另一种是,当他精神上很困惑、很痛苦,甚至在你身上发脾气的时候,你依然知道他是爱你的。我经历过很多困惑,但我丈夫吴征就属于特别讲义气的那种,不管你怎么样,我就要跟你一块儿走。这种力量是蛮强大的。当你走过那段时,回过头你会特别感谢那个人。"现实中,而我们用来维系婚姻的时候,又做了什么呢?

只有在精神上给过男人支持,给过安慰,这样才会让男人对你更加的死心塌地。很多失败的婚姻或者是男人最后出轨了,都有一个相似的原因,那就是没有共同语言了。这个时候不只是单纯的没有话题了,而更多的是男人从女人那里得不到精神上的共同点了。所以,只有女人在精神上和自己的男人共同成长,那么婚姻的城池才会更加的牢固。

所以,女人还是把更多的时间放在和男人的精神一起成长上面吧,有一些共同的爱好,一些相同的兴趣,再困难也不放弃,这样的情谊才会让婚姻的纽带更加有力而富有弹性。

心理学家兼心理治疗师帕特里克·埃斯特拉德说:"对很多夫妻来说,最初的激情过后,在真正的夫妻关系开始时,他们才发现双方在本质问题上不能相容。"而双方不能相容的重要原因之一,就是双方不能同视一个方向,在价值观上不能达成共识。埃斯特拉德认为:"价值观由每个人的伦理决定,它是我们对待生活的方式,是我们选择的契约原则,支持我们在日常生活中取得进步。如果价值观迥然相反,相互在很多重大问题上不能达成一致,对方说的话、做的事甚至引起另一方的反感,这种婚姻的寿命不可能太长。"

我们不妨试着进入男人的圈子或者试着经营相同的事业，这样不仅每天生活在一起，就连工作也是在一起的。我们在生活上相互体贴和照顾，在事业中也能像林徽因和梁思成一样，相互交流自己的思想和智慧，并从中升华我们的爱情。

我们共同承担生活和事业中的艰辛与磨难，也共同分享工作中的喜悦和成就，我们可以拿出更多的时间和空间去体验生活与爱情、事业和谐共生的美好感受，相亲相爱，相互依偎，相互温暖对方，相濡以沫地走过爱河里所有的时光。

爱是一种高度社会化的情感，它存在于我们生活的方方面面中。如果夫妻之间把各自封闭在自己的小圈子之中，爱的温度是很难维持的。

当然，我们不一定像林徽因那样对丈夫有着强大的影响力，但为了避免价值观的冲突，保证双方同视一个方向，就要多花一点时间去和对方沟通。诚如心理学家埃斯特拉德所说："只要彼此相爱，就没有什么不可逾越的障碍。如果双方决定共同生活，并让两个不同的内心世界和平相处，他们就会真心实意地接受彼此的差异。"

两个人同视一个方向，让我们拥有相同或相似的价值观，拥抱和谐幸福的生活。

4.婚姻不是童话，学会理解和包容

在多数人眼里，林徽因与梁思成可谓是一对金童玉女，从才情到情趣，从家世到经历，从品貌到眼界，两人无不相投相合。但是，婚姻毕竟不是王子与公主的浪漫童话，而是柴米油盐的现实生活。两个人在一起，即使再合拍，也难免会在现实的碰撞中生出矛盾来。而他们都是善解人意的人，彼此信任，还善于用理解与包容化解生活中的各种矛盾或冲突，这让他们一生都能和谐相处，幸福美满。

梁思成是一个沉着、稳重的人，在美留学期间，他时常觉得自己对林徽因有责任、温柔，想管着她。但林徽因则是深受美国自由文化的影响，所以，当梁思成因为爱着她而想约束她时，林徽因则没有与之对抗，常常只是付之一笑，给予理解和包容。

梁思成对林徽因很是体贴，对她也很有耐心。据说，他们每一次约会，梁思成都会在女生宿舍下面等二三十分钟，林徽因才打扮好，姗姗下楼。因而，梁思永曾为他们撰写了一副对联："林小姐千装万扮始出来；梁公子一等再等终成配。"横幅是"诚心诚意"。

两人互相理解和包容，让他们的恋爱显得甜蜜而美好。

婚后，林徽因和梁思成也常会因为个性与脾气上的差异发生激烈的矛盾和冲突。

1936年年初，梁思成要去上海，结果因为一件小事，两人发生了口角。与平日的小争执不同，这次两人是真生气了。而且在气头上，都拣着最解气最伤人的话说，结果，梁思成生气地离家出门了，而林徽因在家哭肿了眼睛。第二天一早，林徽因的心情平复了很多，想着如何设法补救，在她看来，这种小吵小闹，只要及时解决，就会成为生活中的一味调剂品，但要是听之任之，就会成为婚姻中的毒药。梁思成也是这种想法，他先后从火车上发回了两封电报和一封信，对林徽因述说着他的牵挂和对吵架的懊悔。林徽因原本一夜没睡好，头有点晕，梁思成的信和电文更让她感到了幸福的眩晕。

有时生活里的事情是很奇妙的，她被家庭困扰得痛苦不安，刚刚得到缓解，这时，女佣又送来了沈从文的一封信。沈从文与妻子张兆和发生了矛盾，十分苦恼，便写信向林徽因倾诉。读着沈从文的信，林徽因禁不住微笑了。她对这种家庭问题带来的苦恼不仅理解，而且肯定地认为："人活着的意义，基本的是能体验情感。"

她写信给"二哥"沈从文，并理性地清理自己的思绪，剖析自己的感情，开导和劝慰着苦恼中的"二哥"：

我的主义是要生活，没有情感的生活简直是死！生活必须体验丰富的情感，把自己变成丰富、宽大能优容能了解，能同情种种"人性"，能懂得自己，不苛责自己，也不苛责旁人。不难自己所不能，也不难别人所不能，更不怨命运或是上帝，看清了世界本是各种人性混合做成的纠纷，人性又就是那么一回事，脱不掉生理、心理、环境习惯、先天特质的凑合！把道德放大了讲，别裁判或裁削自己。任性到损害旁人时如果你不忍，你就根本办不到任性的事。想做的事太多，并且互相冲突时，拣最想做——想做到顾不得旁的牺牲的事做，未做时心中发生纠纷是免不了的，做后最用不着后悔，因为你既会去做，那桩事便一定是不可免的，别尽着怪罪自己。我方才说到极端的愉快、灵质的透明的美丽的快乐，不知道你有否同一样感觉。

我的确有过，我不忘却我的幸福。我认为最愉快的事都是闪亮的在一段较短的时间内迸出神奇的如同两个人透彻的了解：一句话打到你心里使得你理智和感情全觉到一千万分满足；如同相爱：在一个时候里，你同你自身以外的另一个人互相以彼此存在为极端的幸福；如同恋爱，在那时那刻眼所见、耳所听，心所触无所不是美丽，情感如诗歌自然的流动如花香那样不知其所以。

这些种种便都是一生中不可多得的瑰宝。世界上没有多少人有那机会，且没有多少人有那种天赋的敏感和柔情来尝味那经验，所以就有那种机会也无用。

……在夫妇中间为着相爱纠纷自然痛苦，不过那种痛苦也是夹着极端丰富的幸福在内的。冷漠不关心的夫妇结合才是真正的悲剧！

如果在"横溢情感"和"僵死麻木的无情感"中叫我来拣一个，我毫无问题要拣上面的一个，不管是为我自己还是为别人。人活着的意义基本的是在能体验情感。能体验情感还得有智慧有思想来分别了解那情感——自己的或别人的！……

算了吧！二哥，别太虐待自己，有空来我这里，咱们再费点时间讨论讨论它，你还可以告诉我一些实在情形。我这24小时中只在想自己如何消极到如此田地苦到如此如此，而使我苦得想去死的那个人自己去上海的火车中也苦得要命，已经给我来了两封电报一封信,这不是"人性"的悲剧么?那个人便是说他最不喜管人性的梁二哥!

　　林徽因对丈夫的理解和包容,也换来了丈夫对她的理解和包容,他们之间真正做到了心无芥蒂、坦诚相待。生活中,她们相互间遇到任何烦扰或泛起茫然的心情,在对方那里都能得到安慰。

　　家不是一个讲理的地方,而应该是个宽容错误的地方,是个宁静的避风港湾。对家人多份爱心和宽容,那么家庭生活也就会多份幸福和美好。

　　在徐志摩的飞机坠毁后,梁思成很理解妻子的苦痛,为了安慰她,便从现场捡了一块烧焦的飞机残骸拿回家去。林徽因也一直将其挂在卧室的床头,一直到她去世。夫妻间如果没有绝对的理解与包容,是不可能做到这些的。

　　徐志摩去世后,林徽因曾经回顾与他十多年的过往,她在给胡适的信中做了小结:"这几天思念他得很,但是如果他活着,恐怕我待他仍是不能改的。事实上不太可能。也许那是我不够爱他的缘故。也就是我爱我现在的家在一切之上的确证。志摩也承认过这话。"在另一封信中她更是毫不掩饰地说:"我爱思成,爱自己的家庭胜过一切。"

　　可以说,是林徽因用自己的坦诚换来了丈夫的理解和宽容,丈夫亦用他开阔的胸襟和坦荡无私换来了她至死不渝的爱。

金岳霖也是他们坦诚的最好见证。林洙在她的书中这样写道："我曾经问起过梁公金岳霖为林徽因终生不娶的事。梁公笑了笑说：'我们住在总布胡同的时间，老金就住在我们家后院，但另有旁门出入。可能是在1931年，我从宝坻调查回来，徽因见到我哭丧着脸说，她苦恼极了，因为她同时爱上了两个人，不知怎么办才好。她和我谈话时一点不像妻子对丈夫谈话，却像个小妹妹在请哥哥拿主意。听到这事我半天说不出话，一种无法形容的痛苦紧紧地抓住了我，我感到血液也凝固了，连呼吸都困难。但我感谢徽因，她没有把我当一个傻丈夫，她对我是坦白和信任的。'"

林徽因把这种坦荡做到了极致。

"我想了一夜该怎么办？我问自己，徽因到底和我幸福还是和老金一起幸福？我把自己、老金和徽因三个人反复放在天平上衡量。我觉得尽管自己在文学艺术各方面有一定的修养，但我缺少老金那哲学家的头脑，我认为自己不如老金，于是第二天，我把想了一夜的结论告诉徽因。我说她是自由的，如果她选择了老金，祝愿他们永远幸福。我们都哭了。"梁思成也是经过了复杂而痛苦的思想斗争才告诉林这个结果，他对林徽因的这种坦诚显然没有足够的思想准备。

林徽因后来把梁思成的意思转告给了金岳霖，老金的回答是："看来思成是真正爱你的，我不能去伤害一个真正爱你的人。我应该退出。"林洙说："从那次谈话以后，梁思成再没有和徽因谈过这件事。因为他知道老金是个说到做到的人。徽因也是个诚实的人。后来，事实也证明了这一点，他们三个人始终是好朋友。他自己在工作上遇到的难题也常去请教老金，甚至连他和徽因吵架也常要老金来仲裁，因为他总是那么理性，把他们因为情绪激动而搞糊涂的问题分析得一清二楚。"

"你是自由的"，多么朴实和令人感动的一句话，是一位男子汉的痛苦抉择，是一位真男儿的心声。真爱一个人，不一定要占有，而是为了对方的幸福而割舍自我幸福，在这一点上，梁思成做到了。面对这样一位男人，林徽因亦给予了最令人感动且令男人都无法拒绝的话："你给了我生命中不能承受之重，我将用一生来偿还!"这一份"重"是丈夫对她的尊重和宽容。

他是她丈夫，可她并没有将他紧紧地束缚在自己周围，并没有因为他的不完美而与他发生这样或那样的冲突和矛盾；她是他的妻，可他并没有剥夺她的社会角色：作为学者的身份，作为徐志摩恋人的身份，作为金岳霖朋友的身份……只有心怀大爱、心胸坦荡之人，才能容忍自己的妻子深切地悼念自己的初恋，才能容忍妻子与曾经心动的男人做一生的朋友。

林徽因用理解和坦诚，换来了梁思成的信任和呵护；梁思成亦用大度和宽容，让她死心塌地地与他过完了一生。

有人曾问梁思成："你这么一直让着她、宠着她，你感觉幸福吗?"梁思成则回答道："老婆是自己的好，宠着她就是我最大的幸福，在我面前，她可以不讲理。"

林徽因对他的包容也曾给予了真挚的回应，她曾发自内心地说，如果她的人生可以重新安排，她依然会选择梁思成，选择现在的家庭。

爱，其实就是理解和包容。真爱一个人，首先要懂得他和理解他，除了要爱他的优点之外，最重要的就是接受和包容他的缺点，这样的爱才是真爱，这样懂得爱才能经受岁月和生活的重重考验。

海纳百川，有容则大。所以理解和包容是一种素养，是一种姿态，是一种境界，更是一种美德。而这种美德绝不是与生俱来，必须靠长期真诚相处修炼得来。用理解和包容面对生活、面对人生，才会使自己拥有一个平静从容的心态，才能使自己活得更轻松、更洒脱。理解和包容别人，其实就是理解和包容我们自己，多一点对别人的理解和包容，我们的生命中就会多一点自由空间。

家庭中的幸福，其实就是一种甜蜜爱情的延续，是由婚姻中的理解和包容堆积而成的，是由真情实意串起的珍贵记忆。因此，这种理解和包容，都会珍藏在我们的心里，如同花粉存放在蜂房里一样，有朝一日会酿出甜蜜。理解和包容有着夫妻间心与心纯洁的承诺，家庭中有了理解和包容，便会有很多让你感动的美好回忆。家庭中学会了理解和包容，会让你的心态更平和，会让你的心情更轻松，会让你的心胸更宽阔，会让你的人生更美丽。

5.扮演好各种角色——你不仅仅是妻子

随着社会越来越进步，家庭分工越来越细化，社会对女性的要求也越来越高了。如何走好事业和家庭的平衡木，这对于广大的女性来说，是个每时每刻都要面对的问题。

为此,不少现代女性为了家庭,牺牲了事业,也有部分事业心较重的女性为了事业的成功丢失了家庭的幸福,似乎事业的成功与圆满的家庭不可兼得。

费慰梅在回忆录《梁思成和林徽因——一对探索中国建筑的伴侣》中说:"当时,徽因正在经历着她可能是生平第一次操持家务的苦难。并不是她没有仆人,而是她的家人包括小女儿、新生的儿子,以及可能是最麻烦的,一个感情上完全依附于她的、头脑同她的双脚一样被裹得紧紧的妈妈。中国的传统要求她照顾她的妈妈、丈夫和孩子们,监管六七个仆人,还得看清楚外边来承办伙食的人和器物,总之,她是被要求担任法律上家庭经理的角色。这些责任要消耗掉她在家里的大部分时间和精力。"

显然,各种家庭事务消耗了她大量的时间与精力,"她是被要求担任法律上家庭经理的角色",因为身份角色的转变,她不得不面对诸多的家庭事务。

"她在书桌或画板前没有一刻安宁,可以不受孩子、仆人或母亲的干扰。她实际上是这十个人的囚犯,他们每件事都要找她做决定。当然这部分是她自己的错。在她关心的各种事情当中,对人和他们的问题的关心是压倒一切的。她讨厌在画建筑草图或者写一首诗的当中被打扰,但是她不仅不抗争,反而把注意力转向解决紧迫的人间问题。"费慰梅写道。

兄妹众多的梁家,家事自然也少不了。虽然有些时候林徽因也有许多困难,但她还是尽力地去帮助他们。林洙是林徽因的远房亲戚,从老家千里迢迢来投奔她,从衣食住行到学业,林徽因悉数给予安排,而这个人后来成为了梁思成的第二任妻子。陈公蕙也是林徽因的亲戚，林徽因给她介绍对象，当她和对象发生矛盾而负气离去后，林徽因又和梁思成开车将她一路追回，终使二人和好如初，成就了一段美好姻缘，而她的爱人在很多年以后犹自念及"要几辈子感谢林徽因"。

当一切问题如潮水般向她袭来时，她没有逃避，也没有被折腾得焦头烂额，她理得清哪是重点，哪是急迫需要解决的问题。无疑，她是一个有责任心的女人，她把喜好和工作暂时放在一边，专心去处理家里的事情。

米兰·昆德拉说："女人的一生，就是从上一个家到下一个家。"在女人的一生中，要扮演很多角色，不同的角色对女人就有不同的定位和要求。面对不同的角色，女人就会负有不同的责任和义务。若想扮演好各种角色，需要有大智慧。

想扮演好女儿的角色，要学会撒娇，"会哭的孩子有奶吃"，因为我们的娇嗔，父亲见到我们时，能够让他忘却所有的疲惫与辛劳，也会让母亲感到更多的欣慰与踏实。

想扮演好学生的角色，要才学出众，让老师引以为傲，除了有良好的学习成绩外，如果再有演讲、主持、竞赛、表演节目、组织社团活动等能力，那是再好不过了。

想扮演好恋人的角色，永远不要做费心的管家和愚蠢的怨妇，永远不要给对方压力和负担，学会给对方多一些时间和空间，温柔地等待，并在等待的过程中不断地完善自己，表现出最好的精神状态，给他留下最美的记忆。

还要扮演好妻子的角色。婚姻对于女人来说，是一世的投资。如果婚姻是一辆马车，女人不能用鞭子和高声吆喝去驾驭它。想扮演好妻子的角色，要好好经营、用心维护，使男女双方形成一种内在的平衡关系，互相依靠，但又各自独立。"好女人是一所学校"，好丈夫是靠自己精心培养出来的，扮演好妻子的角色，就能提升我们在家庭中所占的分量。

我们应该学会用生命去经营爱情，用爱情管理男人，用真心营造良好的家庭氛围。我们要体贴持家，不沉浸在昔日所谓的浪漫和惊喜里，用心地维持好现实生活里的各种秩序和关系，全心全意地爱丈夫、爱儿女，做好家里的"管家"，营造出一个干净、整洁的"港湾"。

第五章

修炼梦想

——像林徽因那样做个有价值的女人

除了诗歌文艺外，作为中国建筑学的开拓者，林徽因在这个领域发挥了极大的个人价值。要做林徽因一般的女人，就要努力做一个有价值的女人。

1.没有梦想的人生是乏味的

林徽因的兴趣爱好很广泛,但令人瞠目结舌的是,作为一个女子,她却选择了与钢筋水泥打交道的建筑作为她的终生事业。她与建筑究竟是怎样结缘的呢?

1921年初夏,16岁的林徽因伴随父亲到欧洲进行考察。按照出访计划,林长民带着林徽因游历了法国、意大利、瑞士、德国、比利时的一些城市。林长民带着女儿领略那一处处文化名胜、一个个博物馆,还有工业革命后迅速发展起来的一家家工厂、报馆。他认为,这些地方体现了现代资本主义的生产方式和经营方式,可以给中国社会今后的改良作参考,故"不可不观"。

回到伦敦之后,林徽因考入伦敦圣玛利亚女子学院学习,父女俩的客居生活正式开始。父亲林长民忙碌于国联事务,常常顾不上林徽因。林徽因成了父亲伦敦客厅的女主人,每天接待许多前来拜访父亲的中外人士。这种社交活动让林徽因多了一个了解社会的窗口,也让她倍感孤单。

当时,林家的女房东是一位建筑师,因为缺少朋友,林徽因便常和她一道出去写生、作画。家里距离剑桥不远,她最爱去那一带,因为那里有画不完的各种建筑和景致。林徽因常常拿着一本书,随意坐在草坪上,观看着富丽庄严的皇家教堂,感受着它散发出来的宁静、幽雅的气息,三一学院图书楼上,拜伦雕像风神潇洒地凝视着遥远的天际。从女房东口中，林徽因知道了建筑师与盖房子的人的区别，懂得了建筑与艺术密不可分。以这样的眼光再去回想她在国内国外看过的庙宇和殿堂，果然就对这些建筑有了不同的理解和感受。从这时起，林徽因萌生出了对未来事业的朦胧愿望。

回到国内后，她曾兴致勃勃地和梁思成谈起这次旅欧的感受，也定下要学建筑的宏愿。当时梁思成对未来还没有确定的方向，见到她对建筑的热情，便默默许下学建筑的决心。谁知，就是这一番小儿女般的聊天，竟然让中国出现了近代最著名的两位建筑师。

女人一生都应该有梦想，它是一种心灵的东西，也是生命的一种释放形式，它有着直观而天然的特性，不会被教化和灌输，它是纯粹的、感性的。如果你希望做一个幸福的女人，有自己精彩的人生，无论何时回忆自己的过去都觉得充满意义，那就不要放弃自己的梦想。

所有非凡的女人背景各异，但她们都源于敢于追梦。当她鼓起勇气为梦想踏出第一步的时候，生命已经不再一样；当她在生命中放飞梦想的风筝，她的心就接近了蓝天的高远。

梦想是女人成功的第一步。

任何人不能缺少梦想，女人尤其如此，因为有梦想的女人，她对生活和未来充满信心，充满激情，不是什么事就能够打倒的；有梦想的女人，是自信的人，她相信自己的能力，对朋友和同事都有着超强的感染力和凝聚力；有梦想的女人，可以使自己在成长中由弱小变得强大，由此，完全可以说，如果她心中有梦想，她一定是一个美丽的女人。

有人说，正因为舞台小，才有了更大的发挥空间。舞台可以很小，但是有了梦想，舞台外面的空间就会变得很大很美。梦想让发展的空间变得无限广袤。

大学毕业的那天，同学们都兴奋不已，只有张璨无法兴奋起来。张璨羡慕地看着同学们谈论着他们未来的工作和愿景，同时心里又在翻滚着："自己不能分配到中央国家机关当干部，今后的路该怎么走？"

思索良久，张璨最终决定："国家不安排我的工作，我就自己去闯荡，我要让我的生活充满活力和希望，实现自己更多的梦想。"

于是，张璨开始一个人到中关村闯荡事业。

刚开始，张璨工作没有着落，但是她经常激励自己说："没有工作也许会更有前途，因为自己面对的机会更多，只要有梦想，一切都能成为可能。"

就是在这样的心态下，张璨开始了她的创业生涯。

创业的艰难对于成功者来说是相似的。从中关村一间小房屋开始，到经营一个部门，再到自己开创电脑贸易公司，期间的艰辛我们不必去详加叙述，相信很多人都能想到。往事已去，不再回首，总之张璨经过自己的努力，终于挖到了属于自己的第一桶金。

正如张璨说，她真正的第一桶金应该说是做电脑。在当时，做电脑贸易在中关村还没有品牌的概念。她把电脑贸易公司取名为"达因"。

然而，张璨并没有满足于那点成就。由于张璨聪明、机敏而又踏实苦干，她的公司后来成了美国康柏电脑代理商。1995年，达因又进军房地产市场。1996年，达因集团显示器生产厂建成，每年出口达因1亿美元，内销两三亿人民币。

谁也料不到"达因"这种聚沙成塔，集腋成裘的力量：如今，达因公司已经成为拥有几十家分公司、净资产上亿美元的大型集团公司。

同时，张璨在创业的路上，还开餐厅、搞房地产，可以说，她既经历了各种艰辛，也承受着失败的痛苦。1994年，公司成为康柏公司亚洲地区最大的代理商。现在她正带领着一个在信息技术、生物与健康和房地产等三大领域进行投资与经营的大型民营高科技企业。

面对这些成就，张璨从来没有直接谈自己是怎样成功的，她把这一切都归于自己所拥有的梦想，为了梦想，她学会了追求和奋斗，学会了她父亲时常告诫她的自律。她坚持每天7点起床。人是有惰性的。有时候张璨累得就想好好地在床上多躺一会儿，但是，只要她一想到自己的梦想，一想到要为梦想努力奋斗，张璨就会毅然地起床，开始自己新一天的历程。

张璨要让自己的生活变得丰富多彩，要把自己的梦想都变成生活的现实。然而，张璨知道，梦想不是一朝一夕就能实现的，也不是永远都停止不动的。梦想也可能会破灭，梦想也可以变成一抹刹那间消失的泡沫。

张璨说，直到今天她也不敢说自己是一个成功的企业家，她知道在理论和管理实践上她还需要不断地学习。因为她懂得，作为人生来讲，成功只是一段，而成长是一辈子的事；成功只是自己梦想的一个小部分，而成长则是人生永恒不停的步伐与追求。要让自己的生活变得充实精彩，就得靠不断地学习，并在不断成长中实现自己更多的梦想和希望。

女人要用梦想之光深深触动心底，让它照亮你的一生，它将激发你的欲望，去活出梦想并追寻你的喜悦，成就有影响力的自己。

没有梦想的人生是乏味的，所以无论成功或是失败，女人都应该去追逐人生的梦想。这个追逐梦想的过程，会让女人一生没有遗憾，更会为女人带来丰富的生活，也能让女人在追梦的征程上走得更远。只要有梦想，人人皆可升华，终有一天你会破茧而出，冲破现实局限，飞抵梦想成真的美丽新世界。

梦想值得女人珍惜，它和爱情一样，一旦浇灌，就可以带给女人幸福愉悦的体验。不管你的梦想是成为一个事业型女人，在某个领域做一朵铿锵玫瑰；还是惬意地在自己的小小世界里书写美好的童话故事，只要你能坚持不懈地追求这个梦想，它都会给你带来丰厚的回报！

2.提高自己的专业素养

现代企业对人才的要求越来越高，术业有专攻说的就是每个人都应有自己擅长的领域，倘若你什么都懂点皮毛，却没有一样精通的，那也只能被企业拒之门外。在任何公司，那些难以替代的人都是拥有一技之长的人，即在领域内的专家。

因此，无论你从事什么职业，都应该精通它，下决心掌握自己领域内疑难问题，要做到比别人更精通。如果你在工作方面是行家里手，精通业务，就能赢得良好的声誉，也就拥有了潜在成功的秘密武器。

1932年3月，林徽因在《中国营造学社汇刊》上发表了《论中国建筑的几个特征》。这是林徽因第一篇建筑学研究的论文，也是她对中国建筑艺术纲领性的总结。写作这篇论文时，她正怀有身孕，强烈的妊娠反应使她常常脸色苍白，不得不离开写字台和绘图板。可整篇文章的思路，包括其中许多图例的绘制，却完成得十分顺利和流畅。

在这篇论文中，她在对中国建筑历代演变过程的阐释中对中国建筑最具代表性的斗拱做了相关的分析。

"斗拱是柱与屋顶间的过渡部分，使支出的房檐的重量渐次集中下来直到柱的上面。斗拱的演化，每是技巧上的进步，但是后代斗拱（约略从宋元以后），便变化到非常复杂，在结构上已有过当的部分，部位上也有改变……在中国建筑演变中，斗拱的变化极为显著，竟能大部分的代表各时期建筑技艺的程度及趋向。

……

"最早的斗拱实物没有木造的，是由仿木制石刻看到的。从仿木造汉石阙的最简单斗拱，再到北魏'云冈石窟'前门刻有像今日一斗三升之制的斗拱，就到了唐、宋代斗拱，唐、宋代就进化到斗拱中最有机的部分'昂'。

"而从唐、辽、宋、元、明、清斗拱的比较，即可见其由大而小、由简而繁、由雄壮而纤巧、由结构的而装饰的、由真结构的而成假刻的部分如昂部、分布由疏朗而繁密。不只结构和受力大为降低，比起唐宋建筑雄壮豪劲相差太多了。

"……这九百多年之间，建筑的气魄和结构之直率，的确一代不如一代，但是我认为还在抄袭时期；原始精神尚大部保存，未能说是堕落。"

除了在构架上的研究，对于工程的建筑材料以及结构方法，林徽因也表达了自己的看法：

"中国主要建筑材料为木，次加砖石瓦之混用。

"中国木造结构方法，最主要的就在构架之应用。北方有句通行的谚语，'墙倒房不塌'，正是这结构原则的一种表征。其用法则在构屋程序中，先用木材构成架子作为骨干，然后加上墙壁，负重部分全赖木架；毫不借重墙壁；所有门窗装修部分绝不受限制，可尽量充满木架下空隙，墙壁部分则可无限制的减少。

"清代匠人对于木料，尤其是梁，往往用得太费。他们显然不明了横梁载重的力量只与梁高成正比例，而与梁宽的关系较小。匠师对于梁的尺寸，因没有计算木力的方法，不得不尽量放大，结果不但是木料之大靡费，而且因梁本身重量太重，以致影响及于下部的坚固。

"中国匠师素不用三角形。他们虽知道三角形是唯一不变动几何形，但对于这原则却极少应用。在清式构架中，上部既有过重的梁，又没有用三角形支撑的柱，所以清代的建筑，经过不甚长久的岁月，便有倾斜的危险。

"地基太浅是中国建筑的一个大病。普通则例规定是台明高之一半，下面垫几步灰土。这种做法很不彻底，尤其是在北方，地基若不刨到冰线以下，建筑物的安全方面，一定要发生问题。"

最后，林徽因非常自信地总结："好在这几个缺点，在新建筑师手里，根本就不成问题。我们只怕不了解，了解之后，去避免或纠正它是很容易的。"

林徽因对建筑理论也有论述："我们知道一座完善的建筑，必须具有三个要素：适用、坚固、美观。"然后她对中国建筑进行了各个方面的论证，又述道："……中国建筑，不容疑义的，曾经具备过以上所说的三个要素：适用、坚固、美观。"

林徽因对建筑审美的三个原则进行的详细阐述，是中国历史上第一次运用国际建筑学公认的原则来评审中国建筑，其理论上的价值是极大的。

直到今天，当我们阅读这篇专业性很强的论文时，仍不能不叹服林徽因高屋建瓴、一气呵成地驾驭材料的能力。这样酣畅的笔墨绝不能仅仅用才华和灵气来解释，而是她长期耕耘、了然于心的结果。

林徽因在建筑学方面表现出她的学术和理论的成就，她的基本认识即使到现在也是被证明是十分正确的，并且不断被发扬光大。林徽因不愧为中国第一批建筑学家中的佼佼者。在她写出这些论文、提出这些观点的时候，还没有哪位建筑学家发表过这种明确的学术思想。在此之后，建筑界的研究便呈万马奔腾的局面，可见，将林徽因定位为中国建筑历史与理论的奠基者与先驱者也不为过。

而1932年，林徽因年仅28岁。

我们在找到愿意为之奋斗的事业之后,一定要努力让自己成为这个领域的专家。成为专家不仅是我们个人对自己的要求,也是现代企业对员工的基本要求。如果你是掌握了公司业务核心技术的软件工程师、医术精湛的内(外)科医生、创意无穷的文案写手、对于新闻有着超乎常人的嗅觉力且能写出好新闻的记者、精通多国语言的外贸人员……那么,无论是在哪儿工作,你都会很快成为举足轻重的人物。原因就在于,你是某个领域的专家,你是无可替代的,因为你能做别人不能做的事。

有人说过:"最悲哀的事情,不是没有见过,而是见过之后忘了。"对于女人的专业素养也是一样的。如果一个女人把自己的专业知识忘了,那么就相当于没有学过。如果一个女人对于自己的专业知识一直停滞不前,没有想过要提高,那么总有一天也会被别人嫌弃的。所以,女人要不断地提高自己的专业素养,来充实自己的被需要的价值,那么这样的女人才会更有自信,散发的气质才更迷人。

3.爱你的工作,把它做到最好

石油大王洛克菲勒说:"如果你视工作是一种乐趣,人生就是天堂。如果你视工作是一种义务,人生就是地狱。"我们从事的工作是单调乏味,还是充实有趣,往往取决于我们对待它的心境,因此,只有热爱自己的工作才能把工作做到最好。

　　结核病一直困扰着林徽因，但她仍然坚持工作，似乎对生活和事业的这种热爱能减轻她的痛苦。

　　1948年年底，解放军包围了北平（今北京）。林徽因和梁思成一想到古城无数百年建筑可能毁于战火，日夜不眠，寝食不安。1949年年初的一天，林徽因家里突然迎来两位不速之客，这俩人是解放军，他们拿着一张北平军用地图来找梁思成、林徽因夫妇，希望他们能用红笔圈出重要文物古迹的位置，以便被迫攻城时尽可能予以保护。这一举动让梁思成夫妇十分感动，欣然将古建筑的位置一一标出。

　　北平解放后，林徽因受聘为清华大学建筑系教授，讲授中国建筑史课程并为研究生讲授住宅概论等专题课程。林徽因和梁思成焕发出前所未有的工作热情。夫妇二人均在清华大学建筑系执教，为我国培养出了一批批优秀的建筑师。

　　解放北平时，林徽因夫妇挽救了无数古建筑，这一直是林徽因极为自豪的事情，她对建筑事业充满了爱。正是她的这种爱，令她对那些破坏古建筑的人无法原谅，以至于出口骂人。

　　1953年5月，北京市开始酝酿拆除牌楼。当时，负责解释拆除工作任务的是北京市副市长吴晗。为了避免四朝古都仅存的完整牌楼街不因政治因素而毁于一旦，梁思成与吴晗发生了激烈的争论。梁思成被吴晗气得当场失声痛哭，后来更是因提倡以传统形式保护北京古城而多次遭到批判。

　　其后不久，文化部邀请文物界知名人士在欧美同学会聚餐，聚餐会上，林徽因与吴晗也发生了一次面对面的冲突。她指着吴晗的鼻子大声谴责：“你们真把古董给拆了，将来要后悔的！即使再把它恢复起来，充其量也只是假古董！"同济大学教授陈从周对当时的情景记忆深刻："她指着吴晗的鼻子，大声谴责。虽然那时她肺病已重，喉音失嗓，然而在她的神情与气氛中，真是句句是深情。"

林徽因对建筑的热爱以及她对文化的良知令她赢得了很多人的尊重。这年10月，中国建筑学会成立，梁思成被推举为副理事长，林徽因被选为理事，二人还兼任了建筑研究委员会委员。也是这年，林徽因应邀出席第二届全国文学艺术工作者代表大会，会上遇到萧乾，萧乾坐到林徽因身边，握握她的手，叫了她一声"小姐"。林徽因叹道："哎呀，还小姐呢，都老成什么样子了。"萧乾安慰说："精神不老，就永远不会老。"

同年12月，林徽因和梁思成银婚纪念，请他们的学生们来家庆祝，事后，林徽因因天气寒冷先进卧室休息，梁思成感慨地与学生们提到林徽因近年疾病缠身，憔悴了许多，但她心灵却仍旧那么温暖，充满创作的生命力，仍不停地用心工作，对生活充满热爱。

热恋中的情人，有一些举动会令旁人目瞪口呆，他们却处之泰然。工作也是一样，只有迷恋工作，热爱工作，才能长期坚持艰苦工作，林徽因正是由于她迷恋工作、热爱工作，所以她才在战争前夕耗费精力将当时的北平城内的古建筑一一圈出；在重建北京城时，古城墙和古牌楼的拆毁令她痛心疾首，怒斥市长，如果没有对自己工作的大爱，又怎会有这样的勇气？

稻盛和夫说："自己就是工作，工作就是自己"，达到这种程度，才是全身心地投入工作。所以，即使在初期做不到全身心的热爱，但至少不要出现"厌恶工作"这种负面情绪。如果你迷恋和热爱自己的工作，那你就能够承受一切艰苦和非议。

　　许多年前，一个名叫圣子的妙龄少女，来到东京帝国酒店当服务员。这是她涉世之初的第一份工作，因此她很激动，暗下决心：一定要好好干！可是她没想到，上司竟安排她洗厕所！

　　当她用自己白皙细嫩的手拿着抹布伸向马桶时，胃里立刻"造反"，翻江倒海，恶心得想吐。而上司对她的工作质量要求特别高：必须把马桶抹洗得光洁如新！

　　这时候，她面临着人生第一步怎样走下去的抉择：是继续干下去，还是另谋职业？继续干下去？太难了！另谋职业？知难而退却不是她的习惯。她不甘心就这样败下阵来。因为她想起自己初来时曾下过的决心：克服一切困难，走好人生第一步！

　　正在这关键时刻，酒店一位前辈及时地出现在她面前，给她上了生动的一课——前辈一遍遍地擦洗着马桶，直到擦得光洁如新。然后，他从马桶里盛了一杯水，一饮而尽！

　　圣子感到极为震惊。震惊之余，她顿时明白：只有让马桶的水达到可以喝的洁净程度，才叫光洁如新。她同时明白：只有热爱自己的工作，才达到了优秀标准。她暗下决心：即使终生洗厕所，我也要做一个洗得最出色的人！

　　自此，她勤勤恳恳地干好自己的本职工作。洗完厕所后，她经常很自豪地从马桶里舀一杯水，毫不勉强地喝下去，就像那个教导她的前辈一样。因为她确信马桶已经被她擦洗得光洁如新。

　　从此，她一直秉着这样一种真正的职业精神：不论做任何事，都一定要求做到最好。当一个人决定将任何一项工作做到绝对优秀的标准时，事实上已具备了担当重任的能力。后来，她成为一位著名女官员，出任日本政府的邮政大臣。每次当她站在演讲台上为台下成千上万的人做报告时，她的题目就是：上帝偏爱我，让我扫厕所。在很多场合，她都这样介绍自己的身份：最出色的厕所清洁工，最忠于职守的内阁大臣。

　　有人常常抱怨工作不是自己喜欢干的，找不到乐趣，觉得生活和工作没有意思。当然，拥有兴趣，你会更容易感受到乐趣；拥有兴趣，你会更自觉地爆发激情。可是，如果没有健康积极的心态，即使你从事的是自己最喜欢的工作，你依然无法真正地体验工作中的乐趣并持久地保持对工作的激情。

　　即使你的处境暂时不令人满意，也不应该因此而厌恶自己的工作。这种非常糟糕的态度，无助于解决任何问题，反而会使状况更加恶化。即使环境迫使你不得不做一些你不喜欢的工作，你也应该想方设法使之充满乐趣。用这种积极的态度投入工作，无论做什么，都能取得良好的效果。

　　罗斯·金曾说："只有通过工作，才能保证精神的健康；在工作中进行思考，工作才是件快乐的事。两者密不可分。"当你在乐趣中工作，精神愉悦，就爱你所选，别轻言变动。如果你开始觉得压力越来越大，情绪越绷越紧，无法从工作中找到乐趣，获得满足感，就得先静下来思考一下，是工作的问题，还是自己的问题。如果我们不从心理上调整自己，即使换一万份工作，也不会有所改观。

　　苏格兰哲学家说："有事做的人是幸运的……当一个人的精神倾注于某项工作时，他的身心会形成一种真正的和谐，不管是多么卑微的劳动。"世界上没有卑微的工作，只有卑微的心态。

如果你以麻木的态度对待你的工作，你真是亵渎了自己和自己的工作。你对你的重要性熟视无睹，你不知道你的不良态度，让公司有多大的损失；你不知道你的不良态度，让所有期待你振作的人多么失望。

虽然每个人都是为了特定的利益而奔波劳累，但无论如何"怎样把工作做得更好"都是需要我们仔细思考的一个问题。诸多事实证明，只有真正热爱工作的人，才能把工作做得更好，才是工作中真正幸福的人。

当然，不是每个人生来就对某样工作产生浓烈的兴趣，通常兴趣爱好与艰苦的工作往往也很难画上等号。任何事情都有两面性，工作也不例外。能不能从你所从事的工作中感受到乐趣，归根到底是一个心态问题。乐观的心态使你在困境中也能发现积极的一面，保持良好的状态，想办法走出困境。悲观的心态使你过分关注不尽如人意的方面，一叶障目，从而看不到工作的乐趣。兴趣可以花时间，慢慢从无到有地培养，乐趣却是需要你用一颗乐观的心，去寻找和感受的。

4.浓墨重彩，画出你的事业线

热情的心态是做任何事情都必需的条件。一个对工作充满激情的人，无论面对什么困难，无论前途看起来是多么的暗淡，他们总是有足够的信心把心目中的愿景变成现实。有史以来没有任何一项伟大的事业不是因为热情而成功的。

林徽因给人留下的最深印象就是她的热情，她对文学、对艺术以及对建筑事业的热情。

自她还是孩子的时候，她便萌发了学习建筑的念头。从此之后，她以自己的行动和热情不断地履行着自己的诺言，无论是在新婚的旅行中，还是在危险的战争环境中，她都没有停止过，以至于牺牲自己的健康，也毫不在乎。她的专注和热情，亦让她获得了丰厚的回报，即成为中国建筑学史上不可多得的开宗大家。

这个柔弱的女子很早就明白，一个人想要在人生有限的时间完成一流的事业，就必须集中精力，并对其倾注极大的热情与专注，这样才能做出一流的、美轮美奂的作品，才能铸就伟大的事业。林徽因自从完成学业后便与梁思成完婚。当时的她一心想着工作，在南欧蜜月旅行中，亦不忘观摩各地建筑和美术。

后来，她回国后与丈夫应东北大学之邀去沈阳创办建筑系。在此期间，林徽因也倾注极大的热情。她白天授课，晚上还经常亲自帮学生修改设计的图纸，总是忙到深夜。也就在那个时候，由于劳累，再加上天气原因，她染上了可怕的肺病。

从1937年开始，在梁思成与林徽因辗转数省颠沛流离的逃难途中，当初自北平带出的私人用品不是丢了就是当了，而战前梁思成和营造学社的同仁们到各地考察所得到的各种资料——数以千计的照片、实测草图、数据、大量的文字记录等，他们却始终带在身边。也有一些不便携带的照片底版、珍贵的文献、图册等，他们存放在天津的一家外国银行的地下保险库。谁知，1939年的一场大水，银行的地下室被淹，存放在那里的资料几乎全部被毁，林徽因和梁思成两年后才得到消息，闻讯后两人禁不住痛哭失声。他们非常清楚失去这些跋山涉水所获得的资料对建筑学研究是多大的损失。

在四川李庄简陋的农舍里，他们摊开了那些用性命保全下来的资料。梁思成、林徽因和营造学社的同事们决定，开始全面系统地总结整理战前的调查成果，着手撰写《中国建筑史》。同时，用英文撰写说明并绘制一部《图像中国建筑史》，完成他们当初留学美国时就有的心愿。

这时，林徽因病了，但对工作的巨大热情使她不愿就这么闲在病榻上，于是她让梁思成从史语所给她借回来许多书，虽然病体让她不能像正常人一样活动自如，但躺在床上也可以翻阅典籍、查找资料。这段时间，她阅读了大量的汉代历史，从中研究汉阙、岩墓的资料。她又翻译了一批英国建筑学期刊上的学术论文，还准备撰写关于住宅建筑的论文。

梁思成在写给费正清和费慰梅的信中，这样描述他们在李庄的生活：

……很难向你描述也是你很难想象的：在菜油灯下做着孩子的布鞋，购买和烹调便宜的粗食，我们过着我们父辈在他们十几岁时过的生活但又做着现代的工作。有时候读着外国杂志看着现代化设施的彩色缤纷的广告真像面对奇迹一样……我的薪水只够我家吃的，但我们为能过这样的日子而很满意。我的迷人的病妻因为我们仍能不动摇地干我们的工作而感到高兴。

尽管生活艰难，尽管长期卧病，但她依然为自己能继续自己的工作而高兴不已，不管环境怎样恶劣，她的热情始终支持着她，让她能坦然面对。

1949年1月，北平和平解放。为了马上恢复工作，梁思成立即召集了建筑系的部分教师和学生，发动大家共同收集有关建筑文献记载，林徽因也是以欣逢盛世的喜悦投入工作，常常通宵达旦，忘了病痛。所有人都以饱满的热情，夜以继日地工作，从翻书、查资料到刻钢版、折纸页、装订，都是用手工劳动，结果在一个月的时间内，完成了厚厚一本《全国重要文物建筑简目》。

在这本简目中，总计条目450多条，其中作为一级保护的古建筑有北平城、故宫、敦煌，云岗、龙门诸石窟，山东曲阜孔庙等，他们用小圈来区分重要程度。需要一级保护的古建筑条目头上加注了4个小圈，大家都戏称为"四星将"，次之的3个小圈，以此类推。重要加圈的就有近200条。条目下附有详细所在地点、文物性质、建造和重修年代，以及特殊意义和价值等，这个工作不但烦琐而且需要精确，工作量极大。林徽因对全书的条目一一作了审核，并在说明中特别指出："本简目主要目的，在供人民解放军作战及接管时保护文物之用。"

林徽因对事业的专注和热情使她一谈起建筑来就欲罢不能。在20世纪50年代，她的身体日趋衰弱，熟悉她的亲友都懂得，在拜访她的时候要带上能及时打住话头的人，能及时刹车，告辞而去，以免使她过度劳累。她的学生也总是要打听清楚她的睡眠怎样，晚上是否有开夜车，才决定要不要去"打扰"她。

正是由于她对事业的专注和热情，林徽因才在建筑领域取得巨大的成就。如果我们想要成就一番事业，实现自己的人生价值，也需要满足一个条件，那就是专注于自己的事业。

只有对工作倾注自己的热情和专注，才能让自己去克服任何困难，才能不断地激励自己，时刻充满热情地去面对每一次挑战，从而为自己的人生谱写更加美丽的篇章。林徽因因为对个人工作的热爱，才让她能以苦为乐、苦亦似甜地不断努力，在中国建筑事业上留下了浓墨重彩的一笔，为后人所永远纪念。

为此，女人当如林徽因，就要学她的专注和热情。要知道，你要做一件事，或从事某项工作，你所持有的心态不同，就会结出不同的果实，亦会成就不同的人生。如果你赋予工作以热情和专注，那么，无论工作是大是小，再辛苦，再劳累，付出再多的努力，你也会感到快乐。这时，你的潜能也会得到最大程度的发挥，你的每一次进步，都会收获巨大的成就感和满足感，你的一生将会是快乐的一生。

1883年8月19日，法国的卢瓦尔河畔的索米尔小镇，夏奈尔出生了。她的全名是加布理埃勒·夏奈尔。夏奈尔12岁时，母亲去世了，夏奈尔在孤儿院度过了少年的黯淡时光。17岁，她来到另一个小镇，进入了修道院。在法国，妇女的地位是低下的，一个女孩要想在社会上生存，是非常艰难的。孤儿院的生活使她明白，高超的针织手艺对于女性而言非常重要，她可以通过针线活来养活自己，于是，18岁那年，她就到一家商店做助理缝纫师。

夏奈尔的卑微出身和早年生活给她的服装理念打上了深刻的烙印。周围的成年妇女穿的工作服使她相信，妇女需要的不是繁琐的装扮，而是适合她们日益活跃生活方式的宽松舒适的衣衫。夏奈尔认为："女人为造成她们举止不便的服饰所束缚，从而被迫依赖于仆人和男人。"孤儿院穷苦的生活渗入她的设计风格：朴素端庄、简明大方。

她开始设计黑帽，白色短衫，领口系雅致的黑领结，简单素洁的短上衣。同时，在她工作的小镇，有许多驻兵，尤其是那些朝气蓬勃的骑兵制服给她留下了深刻的印象，这无疑也成为此后几十年里著名的镶边服装的灵感来源。20多岁时，夏奈尔遇上了富有的骑士卡佩尔，1908年，在这个人的资助下，夏奈尔开了第一家帽子店，她的帽子宽大实用，受到了许多妇女的欢迎。

1912年，趁热打铁的夏奈尔又在法国上流社会的度假胜地——诺曼底海边小城开了自己的第一家服装店，很快，她极富个性的运动衫、开领衬衫、短裙、男式雨衣受到了时髦女郎的注意。不仅如此，为了扩大宣传，夏奈尔让自己的姐姐穿上自己设计的新式服装，到城里最繁华的地方吸引妇女们的注意，这差不多是最早的一种广告形式了。夏奈尔的事业越来越成功了。

1918年，夏奈尔的亲密爱人卡佩尔因车祸遇难，但夏奈尔依然坚强地发展自己的事业。1924年，她推出了著名的黑色小礼服，掀起了世界服饰的革命。她强调的是舒适性、方便性和实用性。在第一次世界大战期间，男士上战场，女性负起持家工作，职业妇女渐渐兴起，因此需要较实用实际的服装，夏奈尔的服装正好符合这个趋势，她的事业也蓬勃发展。

第一次世界大战后她认为手工定做服装不适合大众需要，虽然当时手头上约保持200位名女人的订单（包括伊丽莎白·泰勒、英格丽·褒曼），她还是决定投入成衣这个市场，这让夏奈尔企业成为数一数二的服饰大企业。

夏奈尔并没有满足自己取得的成绩，自1920年开始，夏奈尔开始提倡整体形象，这当然是从头到脚，还包含配件、化妆品、香水。对她来说，一个女人不该只有玫瑰和铃兰的味道，香水会增添女性无穷的魅力。于是，她推出了"夏奈尔5号香水"，这是第一支由服装设计大师推出的世纪经典香水。当著名的好莱坞影星玛丽莲·梦露用性感而充满磁性的声音对全世界说："夜里，我只'穿'夏奈尔5号"，全世界都为之疯狂了。

在一次记者会上，一位记者向新加坡的首富郭令明提问道："您认为成功商人最重要的特性是什么?"郭令明回答说："必须对他想做的事情有热情，没有热情就不会去长期的投入，也就没有创造性。一旦有了热情，就会超越自己的能力。"郭令明的回答告诉我们一个道理，那就是——热情是成就事业的灵魂。黑格尔说过："没有热情，世界上没有一件伟大的事能完成。"

的确，热情是一种状态，是一个人获得成功的原动力，是一个人成就事业的源泉。无论是做人还是做事，热情都是不可或缺的条件，热情就像发动机一般能使电灯发光、机器运转，能激励人去唤醒沉睡的潜能、才干和活力。热情使莎士比亚拿起了笔，在树叶上记下他燃烧着的思想;热情使哥伦布克服了艰难险阻，享受了巴哈马群岛清新的晨曦;热情使人们剑拔弩张，勇于为自由而战;热情使樵夫举起斧头，执著于人类开拓文明的道路;热情使伽利略举起望远镜，让整个世界为之震惊。因为热情，人们在不断地革新和创造着这个世界。可以说，热情是这个世界上最大的财富。没有了它，世界上任何一件伟大的事都无法完成。其实我们每个人都会拥有热情，所不同的是，有的人的热情能够维持30分钟，有的人能够保持30天，但是一个成功的人却能够让热情持续30年甚至一生。

拿破仑·希尔曾说："如果要获得成功，那么就需要对一个领域足够了解，热爱并保持热情，如果想要创新，就要站在巨人肩膀上。"

蒙田声称："没有热情的人一无是处。"一个充满热情的人，他的感知能力会增强，视野会扩大，他能够看到别人无法洞悉的美丽与优雅。工作生活中的劳累、闲苦、艰辛以及烦扰都会消除。

我们最初进入一家公司开始工作的时候，我们对工作充满了新奇和兴趣，可是天长日久，曾经热情高涨的工作激情哪儿去了呢？曾经那个在工作中激情飞扬的自己哪儿去了？是谁偷走了我们工作的激情？热情的消失几乎是每个年轻人工作时必然遇到的问题，因为工作日复一日、年复一年，上班下班总是忙忙碌碌，似乎也找不到多少不平凡的业绩来。

很多人在选择工作时，往往由于种种现实的局限，所选的工作可能并非自己所爱。因此，工作起来就会感觉动力不足。也有一些人虽然选的是当初所爱，但长时间重复同样的事情也难免令人感到厌烦，于是，对待自己的工作不再像当初那样满腔热情，慢慢变得麻木了。

然而，工作热情是工作能力的前提和基础。一个人有才干而缺乏热情，什么事都干不好、干不成，其工作成果可想而知了；而一个充满热情的人，却能干好他力所能及的每一件事！

那些有所成就的人，几乎都有一个共同的特质：无论他们是从事的哪种职业，也无论他们的才智高低，他们都对自己所从事的工作抱有极大的热情，这是促成他们取得不凡成就的主要因素之一。林徽因之所以在建筑行业拥有那么大的成功，就是因为她的热情，而她对文学和艺术的热情同样也让她在这些领域内享有盛名。

5.做有价值的女人，给自己和别人都留下点什么

有人说，在那个年代，林徽因身上最异于和优于普通女人的地方，便是独立自主。这个精灵一样的女人，自小养成了一种独立自由的思想意识，让她能够自由地掌控自我命运，安排自己的人生方向。

她出身名门，祖父是前清翰林，父亲是民国初年闻名仕林的书生逸士，浓厚的书香氛围使林徽因早早就具备了扎实的文学根底。她16岁便随父亲游历西欧。随后，又同梁思成赴美学习建筑，较早地接受了西方文化的熏陶。东西方文化的共同滋养，让林徽因成为了传统与现代特质兼备的女性。她具有传统女性温婉优雅的气韵，举手投足间尽显大家闺秀的风范，但又具备现代独立的个性。她的儿子梁从诫说："（林徽因）一生中很少表现出三从四德式的温顺，却不断在追求人格上的独立和自由。"这种对人格上独立自由的追求，让林徽因在22岁时，便构筑了自己的梦想，确定了自己一生所要努力的方向，那便是她最为看重的专业——建筑学。

从此之后，她便向这个理想不断努力。先是赴美国宾夕法尼亚大学攻读建筑学，回国后，毅然担负起用科学实地考察来重新发现中国建筑的民族伟绩这一项艰巨的爱国任务。作为中国建筑学的开拓者，林徽因在这个领域取得了巨大的成就，发挥了极大的个人价值。

1928年，新婚不久的林徽因、梁思成受聘于东北大学，他们共同创建了中国大学里的第一个建筑系。创建之初，全系教员仅林、梁夫妇二人，林徽因讲授雕饰史和建筑设计，随后又讲专业英语。她对工作倾注了极大的热情，几乎每晚都替学生修改绘图作业，每每到深夜才回家。繁重的工作再加上东北严寒的气候，她感染了肺病。

随即，因为对梦想的热爱，林徽因又拖着病躯陪梁思成外出考察中国的庙宇等古建筑。她的付出超乎一般人的想象。那个时候，交通不便，她身体好一点，便会外出。在五六年的时间里，林徽因的足迹遍及六七个省份，北京八大处，山西大同的华严寺、善化寺及云冈石窟，太原、文水、汾阳、孝义等县的四十多座寺庙殿阁，河北以及苏州的寺庙，包括开封、山东、陕西等地的诸多古建筑，都留下了她的身影。

野外考古建筑的生活异常艰苦，常常要担心每顿餐饭的来源。当时的交通很不发达，行路大都靠原始的大车与毛驴，风尘扑面，颠颠簸簸，目的地一般都在很偏远的深山荒野。而林徽因，一个身患肺结核的弱女子，却如男人一般，餐风宿雨，爬梁上柱，以坚韧与乐观的个性坚守着自我理想。

在实际工作中，梁思成因为事务繁多，总是无暇顾及具体的设计工作，他主要承担了组织领导的责任。实际的设计任务以及具体的工作都需要林徽因亲自完成。在后来，国徽的设计工作便是由林徽因首先提出并勾画成草图的。

在人民英雄纪念碑的设计上，林徽因倾注了自己的智慧，她和梁思成共同主张，人民英雄纪念碑的设计应以碑的形式为主，以碑文为中心主题。用传统方式设计人民英雄纪念碑，能体现出中国人的精神。她说："任何雕像或群雕都不可能和毛泽东亲题的'人民英雄永垂不朽'和周恩来亲题的碑文相比。"后来计划委员会采用了他们建议的设计方案。林徽因的追求也因此被永久定格在了历史的记忆里。

到离开的时候，能为这个世界留下印记，能让这个世界因我们的曾经来过而更加精彩，这是多么美好的事情。

除了建筑方面，在诗歌、文艺方面，她也做出了不凡的成绩，成为那个时代不可多得的才女。

要做林徽因一般的女人，就要努力做一个有价值的女人。古今中外，那些有才华、受欢迎的女人，是将价值作为其一生永恒的目标。她们有追求，能构筑自我梦想，并在梦想的道路上不懈努力，释放出了自己最大的价值，并在不断地进取和成绩中获得肯定和自我完善。

拥有梦想的女人，就像一只拥有矫健翅膀的鸿雁，可以自由翱翔；拥有梦想的女人，就像一叶逍遥的轻舟，可以乘风破浪；拥有梦想的女人，就如一朵在四季绽放的鲜花，永远娇艳动人。梦想经过女人天性浪漫的大脑，可以为生活点缀一抹绚丽的色彩。

1958年，一个叫钟彬娴的中国籍女孩出生在加拿大东部的城市多伦多。小学四年级的时候，这个女孩非常渴望拥有一盒包含有120色的画笔。父母看得出来她对画笔的那份渴求，于是就和她达成一个协议：如果你的考试能够全得A，我们就给你买一套！为了得到那套画笔，小彬娴一直把自己关在房间里温习功课，什么生日派对，什么网球比赛，她统统置之不理。到了年底的时候，小彬娴终于交了一份写满"A"的成绩单给父母，如愿以偿地得到了自己梦寐以求的120色画笔。

20岁的时候，钟彬娴从美国普林斯顿大学的英国文学专业毕业了。很快，她就进入布鲁明百货公司上班，成为一名最基层的售货员。凭借着自己的努力和对工作的一腔热情，12年之后，钟彬娴就开始负责起公司所有的女装业务。

34岁时，钟彬娴与比她年长15岁的布鲁明百货公司CEO麦克·古尔德结婚了。为了避嫌，在结婚后的第二年，钟彬娴就辞职离开了这个公司，并着手寻找另一个新的企业。

在选择再就业的过程当中，雅芳作为生产化妆品的百年老店获得了一直从事女装业务的钟彬娴的青睐。她很快就加入了雅芳。

在钟彬娴刚刚加入雅芳不久，她与CEO吉姆曾有过一次会面。那一次，钟彬娴去他的办公室里汇报工作时，看到一块装饰板上印着四个足印：猿猴、男人的光脚、男式皮鞋和一只高跟鞋。上面还带有一个题词：这是领导权的演变！不经意间，吉姆对钟彬娴说过这样的话："我完全相信，在未来的10年，一定会有一位女性来领导雅芳！"听完CEO的这番话，钟彬娴的内心澎湃极了，她在自己的心里深深地埋下一个梦想。

仅仅一年的时间，钟彬娴就凭借着丰富的管理经验和卓越的能力成为了雅芳公司的领导核心之一。在接下来的日子里，她的职场生涯一直都是顺风顺水。

1997年，CEO吉姆打算退休了，钟彬娴和其他两个人成为了雅芳CEO的候选人。这个时候的钟彬娴已经是雅芳的COO（首席运营官），负责雅芳的很多事务，并被业界人士所熟知。可以说，她已经在美国企业界放射出相当惊人的光芒。

可是，杰出的表现和外界的肯定仍然敌不过女性在职场中的劣势。一直觉得自己是CEO最合适人选的钟彬娴最终还是与这个职位擦肩而过了，另外一个名叫查尔斯·佩林的男性担任了新CEO的职务！董事会选择查尔斯·佩林的原因就在于：雅芳的百年历史上不曾有过一名女性CEO！

董事会的这次决定，给了钟彬娴很大的冲击。在她绝望的时候，很多其他企业代表纷纷上门来找过她，都想聘请她担任他们的CEO。面对这样挫折之后的盛情邀请，钟彬娴在痛苦挣扎之后，面带微笑一一回绝了："名称、头衔比不上我对雅芳的热情！"

正是这种热情，钟彬娴一直默默地坚持下来了。

1999年，雅芳遭遇了一场危机：股票一落千丈！到了11月，公司第四季度的销售和盈利急剧下滑，股票猛跌了50%！之后不久，首席执行官查尔斯·佩林引咎辞职了，雅芳陷入了生死攸关的时刻，董事会不得不物色另一个CEO人选。他们想起了钟彬娴。

钟彬娴得知董事会要她临危授命带动雅芳的时候，她没有丝毫怨言，挑起了这个重担。由于之前钟彬娴在企业界声名好，再加上她对雅芳进行的种种改革，雅芳的危机很快就化解了，并逐步走向成熟。当这场危机结束的时候，钟彬娴忍不住来到前CEO吉姆坐过的那个办公室里。看着墙上的那四个足印，她觉得吉姆的那句话音犹在耳，他肯定不知道，当初在听过这句话之后，自己曾定下这样一个梦想：要成为雅芳百年历史上的首任女性CEO！

钟彬娴接任雅芳CEO的时候，只有40岁。在谈到自己成功带领雅芳走过艰难困境之后取得成功时，她说："我始终忘不了小学四年级的那件事情，父母亲早早地就在我的脑海里灌输了要坚持梦想、追求完美的信念！"就是这种执著的坚持，钟彬娴终于实现了深埋多年的梦想！

女人须知，要成为一个有价值的人，就必须构筑一个伟大的梦想，它能让你避开脚下绊人的荆棘杂草，避免我们跌倒在污浊的泥潭之中。不放弃梦想的高度，我们一定能将琐碎的日子堆砌起来，铸就我们人生的金字塔，并在塔顶品读自己与众不同的人生。

毋庸置疑，不放弃梦想的高度，是实现人生意义的重要元素，是构建女人强大影响力的重要根基。

第六章

修炼人际
——林徽因和她的"客厅"

20世纪30年代，在北平有一个客厅，那里"谈笑有鸿儒，往来无白丁"，它是那样的吸引世人的目光，那就是林徽因的"客厅"。

1.具有幽默气质的女人更有人气

聪明的人不一定幽默，但幽默的人一定聪明。幽默是一种风度、一种优雅，一个没有幽默感的女人就像鲜花没有香味，只有形没有神，少了几分灵活的韵味。幽默是一种智慧的表现，具有幽默感的女人可以化解许多人际间的冲突或尴尬，往往能使人怒气难生，亦可带给别人快乐。

美国著名作家阿加莎·克里斯蒂同比她小13岁的考古学家马克斯·马温洛结婚后，有人问她为什么要嫁给一个考古学家，她幽默地说："对于任何女人来说，考古学家是最好的丈夫。因为妻子越老他就越爱她。"这一巧妙的解释，既体现了克里斯蒂的幽默感，又说明了他们夫妻关系的和谐。

英国思想家培根说过："善谈者必善幽默。"幽默的女人魅力就在于：话不需直说，但却让人通过曲折含蓄的表达方式心领神会。第二次世界大战结束后，英国女皇伊丽莎白到美国访问。当记者问她对美国的印象时，女王回答道："报纸太厚，厕纸太薄。"一句话让记者们哄堂大笑。但笑过之后，人们开始发现了伊丽莎白语言的意味深长。幽默不仅是女人的说话技巧，更是女人的一种智慧，这种智慧中蕴含着一种宽容、谅解以及灵活的人生姿态。

幽默往往是女人有知识、有修养的表现，是一种高雅的风度。大凡善于幽默者，大多也是知识渊博、辩才杰出、思维敏捷的人。她们非常注意有趣的事物，懂得开玩笑的场合，善于因人、因事而开不同的玩笑，令人能耳目一新。

费正清和费慰梅的信用了三个月时间，经过战时曲折而漫长的邮路，从美国到重庆，从重庆到宜宾，从宜宾到李庄，终于到了他们手中。林徽因、梁思成和金岳霖喜悦地传阅着。在这里，每收到一封信，就像过节一样令人高兴。

林徽因给费正清和费慰梅写回信那天，大队日本轰炸机正从李庄上空飞过，她的信里充满了乐观和幽默：

……尽管我百分之百地肯定日本鬼子肯定不会往李庄这个边远小镇扔炸弹，但是一个小时之前这27架从我们头顶轰然飞过的飞机仍然使我毛骨悚然——有一种随时都会被炸中的异样的恐惧。

……我们很幸运，现在有了一个农村女佣，她人好，可靠，非常年轻而且好脾气，唯一缺点是精力过剩。要是你全家五口只有七个枕套和相应的不同大小和质地的床单，而白布在市场上又和金箔一样难得，你就会看到半数的床单和两个枕套在一次认真地洗涤之后成了布条，还有衬衫一半的扣子脱了线，旧衬衫也被揉搓得走了形。这些衬衫的市价一件在40美元以上。在这个女佣人手里，各种家用器皿和食物的遭遇都是一样的。当然我们尽可能用不会打碎的东西，但是看来没有什么是不会碎的，而且贵得要命或无可替换。

思成是个慢性子，愿意一次只做一件事，最不善处理杂七杂八的家务。但杂七杂八的事却像纽约中央车站任何时候都会到达的各线火车一样冲他驶来。我也许仍是站长，但他却是车站！我也许会被碾死,他却永远不会。老金（正在这里休假）是那样一种过客,他或是来送客,或是来接人,对交通略有干扰,却总是使车站显得更有趣,使站长更高兴些。

……

林徽因写好信,叫金、梁二人过来看,问他们要不要给费正清和费慰梅写几句话。

金岳霖看了林徽因的信,便接着写了几行幽默的附言:

当着站长和正在打字的车站,旅客除了眼看一列列火车通过外,竟茫然不知所云,也不知所措。我曾不知多少次经过纽约中央车站,却从未见过那站长。而在这里却实实在在既见到了车站又见到了站长。要不然我很可能把他们两个搞混。

梁思成读完林徽因的信和金岳霖的附言,在信的末尾也幽了一默:

现在轮到车站了:其主梁因构造不佳而严重倾斜,加以协和医院设计和施工的丑陋的钢板支架经过七年服务已经严重损耗,从我下面经过的繁忙的战时交通看来已经动摇了我的基础。

费正清和费慰梅在华盛顿收到了林徽因的信,读着信里的文字,感受到她的艰苦和不妥协的幽默,好友费慰梅哽咽得说不出话来。

信写在几张不同质地、大小不一的纸上,这些纸发黄发脆而且薄。费慰梅猜想,也许这些纸是包过肉和菜的,可以想象他们物质的匮乏。信纸上的每一小块空间都充分利用了,整封信没有天头,没有地脚,甚至也不分段,字写得小而密集。最后一张只有半页,那余下的半页纸可能是被裁下来留做别的用途了。这样一封信,封面所贴的邮票却非常贵。可以想见,为了寄这封信,一定用去了林徽因家一大笔开支。

说话幽默的女人，对于生活的态度总是积极向上的，对于自身也是充满力量和自信的。因为只有内心满怀希望，才能由衷地发出笑声、彰显魅力。跟这样的女人在一起是轻松的、快乐的、有情调的。

幽默是一种真正的生活智慧，是经历了动荡和挫折，依然保持的一种达观、积极、决不轻言放弃的人生态度，既不自怜自艾，也不妄自菲薄，现代女性的魅力往往因此而生。一个懂得幽默的女子往往看上去会更加性感，因为这意味着她聪明、善解风情，并且还有勇敢的自嘲精神。

幽默可以使女人在交际场上压倒别人，还可以缓解沉闷紧张的气氛，使大家拥有一个快乐、融洽、亲切、祥和的氛围。幽默是上天赐予女人的美丽法宝，不仅能传递出她们心理的欢愉，也是她们赠送给世界的一份美好礼物，可以让身边所有的人保持愉快心境的同时，也深深折服于女人的美丽智慧。

如果，一个女人很聪明，说明她很有智慧；如果，一个女人吸引别人，说明她很有魅力；而如果一个女人懂得幽默，那么就说明她很有人气。而这样的女人无疑是最有气质的，她幽默的话语不仅可以让异性折服，也可以让同性乐意和自己交往。因此，幽默可以让女人更有气质。

蔚蓝是个很幽默的女人，她常常一两句幽默的话都可以让大家笑上很久。也就是因为这样，她的身边总是有很多的朋友。

一次，几个朋友约好了要去看望高中时候的班主任。可是大家在外面等了好久，换衣服的蔚蓝一直都没有出来，足足有半个小时后，她出来了。"磨叽什么呢？不知道我们都在等你吗？"蔚蓝明显地看到大家不高兴了，于是就苦着脸说："我的衣服又瘦了，对不起啦，改天把衣服喂胖点好了。"

当她把这句话说完的时候，大家都笑了，而且刚才还在埋怨她的人也觉得她很有才。于是，大家一起高兴地去看班主任了。

生活中，大家都愿意和有幽默感的女人交谈。因为，有幽默感的女人会让别人感觉到亲切，交流的时候可以很快乐而没有拘束感。懂得适时幽默的女性，在交际的过程中所散发出来的智慧让他人情不自禁地向她靠拢。女人可以没有魔鬼的身材，华丽的装束，只要她善于用幽默的语感说话，那么也可以成为众人中的焦点。

培根曾经说过："善谈者必善幽默。"其实，女性的幽默魅力在于，拐个弯的说话，让别人通过含蓄的表达来心领会神。善于创造幽默的女性，无论是在职场中如鱼得水，还是生活中左右逢源，都会让女性笑对人生，拥有一份得体的气质。

幽默的女人是智慧的，因为幽默必须具备一定的文化底蕴，此外，还需要灵气，所以，但凡幽默的女人总是兼具才气与灵气。

幽默的女人是乐观的，因为幽默的机智反应并非只是能言善道，当身处险境之时，并不会因此沉沦丧志，却总能开朗豁达，从容不迫。

幽默的女人是可爱的，她总是能适时地在一汪清水之中激起点点涟漪，使得平日里琐碎的生活增添几分韵味与情趣。

许多人认为幽默是上帝赋予的先天能力，后天无法获得。其实，幽默是可以学习的。生活中幽默无处不在，你得睁大眼睛、竖起耳朵，去观察、去聆听。当你有足够的技巧和用创造性的新意去表现你的幽默时，你就会发现不但自己置身于幽默世界中，人际关系也由此顺畅起来了。

2.优雅的谈吐是你的磁场

优雅的谈吐就像整洁的仪表，会使人觉得十分愉快。如果你能习惯运用文雅的辞令，即使偶尔开个玩笑，说些俏皮话，对方仍旧能够感受到你内在的涵养、气质，而乐于与你交谈。

相反的，如果你行为举止草率，满口粗语，则会让对方认为和你谈话是件辛苦的事，甚至是浪费时间。因此，平日应该练习谈话的技巧和优雅的举止，给对方留下良好的印象。

一个女人所说的话是否有魅力，直接影响到她是否对对方具有吸引力，也关系到她是否具有良好的人缘，同时还影响到她能否自如地与别人说话，并表现出足够的自信。谈吐优雅的内容是十分广泛的，所说话的内容，说话时的选词造句，说话的语气、语调，说话时的身姿、手势、表情等等，诸如此类的种种因素都可以反映出一个女人说话是否有魅力。

态度大方、谈吐优雅的女性，身上仿佛有一种神奇的气场，即使初次见面的人，也会被她所吸引，而她本人也会因之拥有更好的舞台和更大的空间。

要想做一个有魅力、谈吐优雅的女性,首先就必须培养自己良好的说话的风度。所谓说话的风度,是一个女人的内在气质在言语上的表现,是一个人的涵养的外在表现。使自己的说话具有风度,是增强自己说话魅力的重要途径。良好的说话风度,往往具有很大的吸引力。但是同时要注意,你也不要为了风度而风度,结果让自己反而显得矫揉造作或搔首弄姿,毫无风度可言。你应该按照自己的个性、身份,以及说话的对象和说话的场合,适宜地讲究自己的风度。

身为"太太客厅"的女主人,林徽因拥有优雅的谈吐与机智迷人的辩论能力,这使得她成了这个舞台上不折不扣的中心人物。

林洙在《梁思成、林徽因与我》一书中写道:"梁家每天四点半开始喝茶,林先生自然是茶会的中心,梁先生说话不多,他总是注意地听着,偶尔插一句话,语言简洁、生动、诙谐。林先生则不管谈论什么都能引人入胜,语言生动活泼。她还常常模仿一些朋友们说话,学得惟妙惟肖。她曾学朱畅中先生向学生自我介绍说:'我(é)知唱中(朱畅中)。'引起哄堂大笑。

"有一次她向陈岱孙先生介绍我说:'这个姑娘老家福州,来自上海,我一直弄不清她是福州姑娘,还是上海小姐。'接着她学昆明话说:'严来特使银南人!'(原来她是云南人!)逗得我们都笑了。"

可见,林徽因在"客厅"里是幽默风趣的,她的幽默风趣使大家获得了一种空前的放松与释怀,尤其是在那样的灰色岁月中,这种不同寻常的谈吐给大家留下了良好的印象。

林洙在书中说："她是那么渊博，不论谈论什么都有丰富的内容和自己独特的见解。一天林先生谈起苗族的服装艺术，从苗族的挑花图案，谈到建筑的装饰花纹。她又介绍我国古代盛行的卷草花纹的产生、流传；指出中国的卷草花纹来源于印度，而印度的来源于亚历山大东征。她指着沙发上的那几块挑花土布说，这是她用高价向一位苗族姑娘买来的，那原来是要做在嫁衣上的一对袖头和裤脚。她忽然眼睛一亮，指着靠在沙发上的梁公说：'你看思成，他正躺在苗族姑娘的裤脚上。'我不禁噗哧一笑。"

优雅的谈吐蕴含着丰富而广博的知识，这个有才华的女子把渊博的知识与她幽默风趣的个性恰到好处地融合到了一起，令人难忘。

林徽因被后人喻为"一个人文符号"，是"中西文化的完美融合"和"中国知识女性的杰出代表和光辉典范"，而她可能并不在乎这些光环，觉得自己不过是做到了一个真实的自己而已。

其实现代女性在打造自己的形象，把大把时间花费在服饰与美容上的同时，还应该培养得体优雅的谈吐，在人际交往时会增添女性的魅力。优雅的谈吐是女人内在精神气质与修养的外射，它更能表现一个女人的良好气质，从而给人留下深刻而美好的印象。

蒙娜丽莎的微笑成了一个永恒的经典，它告诉人们，优雅是一种永不过时的时尚。法国有句格言说得很好："优雅是年龄的特权。"其实女人更应该如此，随着年龄的增大，女人在变老中应该掌握优雅的艺术，从而消除岁月对青春的侵袭，通过优雅的谈吐让自己更加出色，变得更加迷人。

优雅的谈吐是女人的制胜法宝，不管是在职场，还是在日常的生活中，它都会为女人提升人气、增加气场分。

的确，讲话也是一门艺术，这就要求女人们要学会塑造自己，学会讲话。那么，谈吐优雅需要我们注意哪些细节呢？这可能没有一个标准的答案，我们且借着林徽因的成功经历，给大家提供一些借鉴。

女人要想练就优雅的谈吐，首先态度要诚恳，保证在向人传递思想感情的时候，别人收到的是真诚的信号，别人的内心是舒服而愉悦的，因为它代表了对对方的尊重。我们在向别人表示祝贺或者赞美时，如果嘴上说得妙不可言，但透过表情却流露出冷冰冰的态度，别人不但不会"领悟"，反而会觉得你只是在敷衍他而已，那么你在他心目中的印象分是很低的，他可能已经把你否定掉了。

其次，女人在谈吐中还是要发挥女人的自身优势，比如饱含温情。把自己的温柔体现在语言里，让人如沐春风，让大家对自己的一言一行都能心领神会，给人一种善解人意的、为人解忧消愁的、让人觉得轻松释怀的感觉，那就能自然而然地获得对方的好感与青睐了。

有一位女施主，家境非常富裕，不论其财富、地位、能力、权力及漂亮的外表，都没有人能够比得上，但她却郁郁寡欢，连个谈心的人也没有，于是她就去请教一位禅师，如何才能具有魅力，以赢得别人的喜欢。

禅师告诉她道："你能随时随地和各种人合作，并具有和佛一样的慈悲胸怀，讲些禅话，听些禅音，做些禅事，用些禅心，那你就能成为有魅力的人。"女施主听后,问道:"禅话怎么讲呢?"禅师道:"禅话,就是说欢喜的话,说真实的话,说谦虚的话,说利人的话。"女施主又问道:"禅音怎么听呢?"禅师道:"禅音就是化一切音声为微妙的音声,把辱骂的音声转为慈悲的音声,把毁谤的声音转为帮助的音声,哭声闹声,粗声丑声,你都能不介意,那就是禅音了。"女施主再问道:"禅事怎么做呢?"禅师道:"禅事就是布施的事,慈善的事,服务的事,合乎佛法的事。"女施主更进一步问道:"禅心是什么心呢?"禅师道:"禅心就是你我一如的心,圣凡一致的心,包容一切的心,普利一切的心。"女施主听后,一改从前的骄气,在人前不再夸耀自己的财富,不再自恃自我的美丽,对人总谦恭有礼,对眷属尤能体恤关怀,不久就被夸为"最具魅力的施主"。

腹有诗书气自华。所以,女人一定要丰富自己的内涵,多看看人际交往方面的书籍,多和谈吐优雅的人交朋友,在潜移默化中自己也会谈吐优雅起来。

3.做话题的"引领者"

在众人心目中,林徽因向来都是一个群体的中心。无论是对她向往的普通人,还是加入她沙龙的客人,她在众人心中的画像,总是一群优秀的男人抬头仰望着她,并用称赞的话语烘托着她，让她显得眼波灵转，顾盼生姿。之所以给众人留下这样的形象，主要得益于在众人心中她总是话题的"引领者"。

她才华横溢，思维敏捷，一旦讲起话来，总是滔滔不绝。从文艺到建筑、从哲学到字画，从美学到舞台设计，她总有极强的艺术悟性和独到的见解，为此，她总是话题的"垄断者"，一旦开口，旁人便很难插上嘴，颇有交际圈话题"女王"的风范。

对于林徽因驾驭话题的能力，萧乾有这样的评价："她话讲得又多又快又兴奋。徽因总是滔滔不绝地讲着，总是她一个人在说，她不是在应酬客人，而是在宣讲，宣讲自己的思想和独特见解，那个女人敢于设堂开讲，这在中国还是头一遭……"

费慰梅在回忆录中写道："其他老朋友会记得她是怎样滔滔不绝地垄断了整个谈话。她的健谈是人所共知的……她的谈话同她的著作一样充满了创造性。话题从诙谐的轶事到敏锐的分析，从明智的忠告到突发的愤怒，从发狂的热情到深刻的蔑视……她总是聚会的中心人物，当她侃侃而谈的时候，爱慕者总是为她那天马行空般的灵感中所迸发出的精辟警语而倾倒。"

这是那个时代中流砥柱们的思想交锋，在寻找认同感的过程中，林徽因扮演了绝对的主角，她几乎是整场谈话的垄断者。

参加过聚会的陈愉庆说："因为做过肾脏手术，她的身体非常虚弱。后人总说她是大美女，其实那时她已经瘦得吓人。但她总是目光如炬、神采奕奕，盯着你看的时候，有种非凡的魅力。"

可见，林徽因之所以能掌握话题主动权，不是因为她的言辞有多么厉害，也不是因为她有多么好的口才，而是她本身就具有非凡的魅力。

陈愉庆说，在高谈阔论之后，他们经常会兴致勃勃地演戏。

如果兴致来了，梁林夫妇与沙龙的朋友们，便会用英文对读莎士比亚或萧伯纳的台词，还会背诵济慈、勃朗宁、雪莱的诗句。

并不是所有人都有能力掌握话题的主动权的，你得有拿得出手的真本事才行。

在"太太的客厅"里，林徽因一直是唯一的女主角，就连她的丈夫梁思成也只能扮演忠诚的聆听者的角色。梁思成因此打趣道："你一讲起来，谁还能插得上嘴？"林徽因说："你插不上嘴，就请为客人倒茶吧！"

林洙在《大匠的困惑》中回忆道："记得在梁家的茶会上，林徽因有一天和客人们谈起天府之国的文化。林徽因说梁思成在调查古建筑的旅途上，沿途收集四川的民间谚语，已记录了厚厚的一本。梁思成说，在旅途中很少听到抬滑竿的轿夫们用普通的语言对话，他们几乎都是出口成章。两人抬滑竿，后面的人看不见路，所以前后两人要很好地配合。比如，要是路上有一堆牛粪或马粪，前面的人就会说'天上鸢子飞'，后面的人立刻回答'地上牛屎堆'，于是小心地避开牛粪。"

梁思成说："别看轿夫们生活贫苦，但却不乏幽默感，他们决不放过任何开心的机会。要是遇上一个姑娘，他们就会开各种玩笑，姑娘若有点麻子，前面的就说'左（右）边有枝花'，后面的立刻接上'有点麻子才巴家'。"

林徽因接上来说："要是碰上个厉害姑娘，马上就会回嘴说'就是你的妈'。"大家都笑了。林徽因又说："四川的谚语和民谣真是美呀！只要略加整理就能成为很好的诗歌与民谣，可以把它编一本《滑竿曲》。"

要想不坐冷板凳,光有一肚子诗书是不够的,还要有别人所没有的所见所闻与丰富多彩的生活,有故事可讲,永远保持新鲜感,做一个制造话题的高手。

为什么林徽因身上的光环较之其他人更多一些?甚至后人关注她的私人生活远远大于她作为建筑师或者诗人、作家本身?这和她在客厅里时刻掌握话题的主动权多少有些关系吧,别人的关注度都在她身上,后人也只是承接了那些人的目光而已。

林徽因在客厅里虽然掌握了话题的主动权,垄断了谈话,但她同时也为创造北平的安宁、自由的文化繁荣开创了一种新形式和一个平台,她也以其自身的参与和成就,为丰富那个时代的中国文化史贡献出了自己的力量。

这位富有激情、思想、才华和创造力的女子,在任何时候,都没有因为需要抚养儿女、支持丈夫、操持家务而放弃自己的心灵追求和生活要求,更没有因为屈服于社会对女性角色的定位、他人的舆论而放弃自己的生活方式。可以说,在当年"太太客厅"中,她不仅是话题的"引领者",更是自我命运的引领者。这样的女人在社交圈里,很难不引人注目,这样的女人更让人仰慕和钦佩。

要像林徽因一样在朋友圈里受欢迎,就要敢于做话题的引领者,而不是做"被动"的聆听者。当然,要引领话题首要的是要提升自我文化修养,只有以深厚的文化底蕴做基础,才能引出得体、有涵养的话题来。

同时,在公众场合,要做话题的"引领者",首先掌握的原则是要调起听者的好奇心,你所讲的话题是和大家或者现实生活密切相关的，比如当下最热门的新闻、话题、社会现象等。此外，在诉说的时候，也要有一定的幽默和风趣，有笑且有料的语言才能引起人们的关注。

我们要对自己所讲的话有深切的感受，或者干脆就是我们自己所亲身经历过的，这样才有话可以讲。林徽因经常讲自己的亲身经历，她就很容易把自己的感情色彩加进去，从而让语言表达更具趣味性和生动性。如果我们讲的话是别人的，或者对话题内容没有特别偏爱的情感，讲出来是假的、不真实的甚至不真诚的，听众就很难感兴趣。如果我们有实际的接触与体验，对它充满热诚，就容易给人以真实感，让人产生深刻的印象。

有人曾经这样问前美国驻意大利大使理查·华须本·乔尔德，成为一位意趣无穷的作家的成功窍门在哪里？他回答说："我非常热爱生命，因而无法静下来不动，只是觉得必须告诉人们这点而已。"讲自己的东西，永远是真实的，也永远能打动人心。

此外，永远不要用沉默来回应别人的调侃或打压，也永远不要正面去回应。沉默表明我们默认了，或者我们理屈词穷了，不知道如何回答别人的调侃了。正面回应一般表示我们很在乎别人对我们的看法，一旦辩解，我们就落入了努力使自己达到别人设定的标准的框架中。

出现这样的情况，我们就要大大方方地表现出自己不在乎的态度，并以此来暗示这是对方的问题，回应要简短有力，并且及时转换话题。

另外，真诚永远是掌握话题主动权不变的主旋律。有位女士，相貌出众，说话流畅清晰，也很有文采，但是在她一番高谈阔论之后，人们都说："太虚伪了。"她给人一种轻浮的感觉，在她满口漂亮的言辞里面，不能让人读出一点真诚，大家只能远远地避开她。

林徽因对客人先是诚心地邀请，又讲出自己的理解与见地，同大家分享亲身经历过的事情，始终充满了真诚，自然能给大家以亲近感。

当然，我们还要有热情，林徽因"已经瘦得吓人"，"但她总是目光如炬、神采奕奕"，永远充当别人激情的点燃者。杜纳德和艾林诺·雷尔德在他们所著的《有效记忆的技巧》一书中说："罗斯福总统活泼愉快地走过一生，带着一分雀跃、活力、冲撞和热情。这些是他的标记。他总是对自己处理的一切事情兴味深厚，浑然忘我，或者他装得很像是这个样子……表现热烈，这样对自己所做的一切便会热烈起来。"

其实一个演讲家未必是一个领袖人物，但领袖人物绝对是一个演讲家。我们要想不坐冷板凳，掌握话题的主动权，就要努力让自己成为一个演讲家。

4.小女子成大事，需得贵人相助

在竞争激烈的现代社会，什么对我们最重要？有人说是学历，可是听说北京大学的才子正在串糖葫芦；有人说是姿色，可是男人们总是容易"审美疲劳"；还有人说是家世，但并不是每个人投胎时都懂得认真排队……转悠一圈才恍然大悟。"一个好汉三个帮",最终能让自己处变不惊的,还是"朋友"。

好朋友,为女人加油充电,补充营养。

20世纪30年代,在北平有一个客厅,那里"谈笑有鸿儒,往来无白丁",它是那样的吸引世人的目光,那就是林徽因的客厅。

那个客厅绝对不是一般社交场合中的应酬场所,它的特别除了女主人很特殊外,其来宾都是经过女主人慧眼和慧心"过滤"后的,都是北京城各领域一流的精英。它也透露出了女主人与人交往的原则与层次。

当然,这些人都是林徽因和梁思成的朋友,费慰梅便是客厅的座上客之一,她回忆道:"除了其他人以外,其中包括两位政治学家。张奚若是一个讲原则的人,直率而感人。钱端升是尖锐的中国政府分析家,对国际问题具有浓厚的兴趣。陈岱孙是一个高个子的、自尊而不苟言笑的经济学家。还有两位年长的教授,都在其各自的领域中取得了突破。在哈佛攻读人类学和考古学的李济,领导着中央研究院的殷墟发掘。社会学家陶孟和曾在伦敦留学,领导着影响很大的社会研究所。这些人都和建筑学家梁思成和老金自己一样,是一些立志要用科学的方法研究中国的过去和现在的现代化主义者。到了星期六,一些妻子们也会出席并参加到热烈的谈话中去。"

看来这些人的来头不仅限于林梁二人研究或涉及的领域,他们是如此的有吸引力,其他领域里的专家一样能成为他们的朋友。

费慰梅写道:"在这里常常会遇见一些诗人和作家,他们是作为徽因已出版的作品的崇拜者而来的,常常由于有她在场的魅力而再来。"

这些人中有诗人徐志摩、哲学家金岳霖、作家沈从文与萧乾等，他们学贯中西甚至包含了"水陆空"多栖名流，他们有不同的专业背景与研究方向，和林徽因也都有着共同的理想追求。这个客厅聚会堪称中国第一流的学者和专家沙龙。

金岳霖后来回忆道："三十年代，我们一些朋友每到星期六有个聚会，称为'星期六聚会'。碰头时，我们总要问问张奚若和陶孟和关于政治的情况，那也只是南京方面人事上的安排而已，对那个安排，我们的兴趣也不大。我虽然是搞哲学的，但我从来不谈哲学，谈得多的是建筑和字画，特别是山水画。有的时候邓叔存先生还带一两幅画来供我们欣赏。就这一方面说'星期六集团'也是一个学习集团，起了业余教育的作用。"他们独立于政治之外，却又关心国家时政，相互之间取长补短，这个客厅俨然成了不同行业与专业的交叉科学聚集地。

这些人中不乏一些初出茅庐的青年诗人和作家，如卞之琳。

早在1931年，林徽因就发现了卞之琳，对其作品赞赏有加，并亲自写信邀请他到家中叙谈。无独有偶，两年以后的1933年秋，林徽因又通过《大公报》上发表的短篇小说《蚕》，发现了萧乾，而当时他不过是个正读大三的学生，林徽因又亲自写信给沈从文，请他代邀萧乾做客"太太的客厅"。后来的李健吾，也是经由林徽因的发现开始踏入北平文坛的，等等。林徽因就像一个伯乐，用自己的慧眼发现了他们，并将他们拉进了那个文化圈。

这些名流雅士，通过智慧的相互碰撞，产生了很多思想火花，这为他们日后成为各自领域的带头人多少起了些促进作用吧，而林徽因所建立起来的那个圈子，也成了人才的"摇篮"，难怪这些人那么喜欢"太太的客厅"。

人脉的积累是长年累月的，是一种在工作和生活中养成的习惯，并不是一件要刻意定时完成的项目。不管是一条人脉，或是由人脉伸展出去的人脉，都需要长期的付出与关怀，这样才能在看似不经意间逐步建立起自己的人脉网。

女人，无论你认为自己是超然于关系网的，还是压根不知道如何建立关系网，都应该把关系网当做一种业务工具，一种帮助你建立第四类关系的业务工具。你已经有了朋友和家人，也许，你还有了重要的另一半。现在你需要业务上的关系——工作伙伴，业务是你们关系的自然而然的基础。你同他们讨论公司新闻、产业动向、商业策略，以及与你们行业相关的话题。

很多人没有特别背景，自身能力也一般，过着看老板脸色的日子，有时不免做做梦，盼望一朝得到"贵人"提携，从此飞黄腾达。其实只要你留意建立好人脉关系，你会发现，生活中从来不缺贵人，他们可能就是你的朋友、同事，甚至是萍水相逢的人。

专家建议，朋友之间的关系同样需要维护和经营，平时要多与朋友联系，同时适当拜访，这样可以培养感情。交朋友有功利目的，但并不是朋友间的每一次来往都以利益来估价。友谊的培养需要累积，这样的人脉关系不但能持久稳固，而且会更光亮。

俗话说："七分努力，三分机遇。"我们一直相信"爱拼才会赢"，但实际生活中往往有些人即使拼了也不见得赢，其中关键的一点就在于缺少贵人相助。在攀向事业高峰的过程中，贵人相助往往是不可缺少的一环。有了贵人，不仅能替你加分，还能为你的成功加速。

有贵人相助,成功就会变得简单得多。所以,找到自己的贵人,并博得他们的信任和赏识,是成功的重要步骤。"贵人"可能是指某位居高位的人,也可能是指令你心仪急欲模仿的对象,无论在经验、专长、知识、技能等各方面都比你略胜一筹。因此,他们也许是师傅,也许是教练,或者是引荐人。出门遇"贵人",就可吉星高照,前途一帆风顺,甚至将来会飞黄腾达。

《红楼梦》中的薛宝钗有一句词:"好风凭借力,送我上青云。"如果可能,为什么不求助于贵人?为什么不试试坐上春风的感觉?

对于女性来说,这种需要尤其突出,因为到目前为止,这个世界还是以男人为主导的,无论政界、商界还是文艺界,基本上无不为男人们所把持。在这样的情况下,女人如果有贵人的支持,情况就大不相同了。所以,如果女性想要及早走向成功,就要善于在交际圈子里发现贵人,并借助于他们的力量取得一番成功。

5.你的审美,决定你的朋友圈

我们自己的审美情趣也会决定我们朋友圈的气质与属性。

研究风景散文的学者马力在《中国现代风景散文史》一书中说,林徽因是"盈盈顾盼中的意象建构","是在风景的光影里闪动着灵智的慧心"。

古人云："近朱者赤，近墨者黑。"交上好的朋友，不但可以交流感情，更可以相互激发潜能，让彼此成为事业上的助力。但同时面对打着灯笼难以寻觅的人才挚友，为什么只和你认识？只和你成为朋友？喜欢你而不喜欢别人？可见，要想在交际圈中拥有如林徽因一样的表现，慧眼与慧心一样都不能少。

孔子说："与善人居，如入芝兰之室，久而不闻其香，即与之化矣。"女人要有这样的慧眼，而且自己想成为这样的人，就要有颗不慕虚荣的平常心和不嫌贫爱富的真性情。

林徽因能够在那个时代在她所能衍射到的圈子里"呼风唤雨"，是因为她有"东西"，她脑子里的"东西"能吸引他们。丰富的学识不但会使女人变得很独立，很有主见，还会在美貌的基础上，使女人平添几分柔情和典雅。

的确，学识是女人最好的门面，它能令你谈吐不凡，让所有的话语从你口中说出来，如同春雨般沁人心脾。不论何时、何种场合，女人都可以依据自己的知识，发表自己独特的看法和独到的见解，像林徽因一样成为驾驭话题的高手。当别人不知如何解决问题时，还在挖空心思时，你已经根据自己的经验和积累，快速辨明问题、解决问题了。

女人的学识是优秀男人的巨大财富，林徽因成就了梁思成，也以"太太的客厅"为中心，滋润了很多文人雅士的心田，给了他们成功时的激励和心灵受伤时的抚慰，值得他们用一生去珍藏。

一个高品质的朋友圈是什么样的呢？就是保证每个在圈子中

的人在关键时刻都能帮上你的忙，让圈子中的每个关系节点都保持有效性。

关于这一点，可以用"二八"法则来加以阐述。通常当你真正发生财务危机时，80%的所谓朋友不但不会主动借钱给你，还会不接电话，甚至躲得远远的；大概还有20%的朋友，愿意给你正面的影响和帮助；但改变你命运的朋友，不会超过5%。

张晓和李霞相识多年，两人关系不能说近，也不能说远，但凡有两人都会参加的聚会，她们就会寒暄两句。有一次，她们两人都认识的一个朋友结婚，于是她们又碰面了。席间，张晓谈起她弟弟的事情，她弟弟毕业快一年了，至今都没有找到合适的工作，全家都非常着急。

听到张晓这样说，李霞不假思索，拍着胸脯说这件事情包在她身上了。当着大家的面，张晓也不好多问什么，只得连连感谢李霞。过了几天，张晓带着弟弟亲自到李霞家道谢，并打听找工作的进展情况。不料李霞支支吾吾，口气也变了，说："何必那么心急呢，我回去跟人事部商量一下再说嘛！毕竟招聘员工是人事部门的事。"

看到这种情景，张晓很生气，拉着弟弟走出了李霞家。

实际上，当时李霞是想在众人面前炫耀一下自己的本事，并不是真心想帮忙。在现实生活中，这种人前一套、背后一套的人，最不值得交往。因此，如果你的圈子中有这样的人，就坚决要剔除，以免坏了心情，浪费感情。

你大可不必对圈中所有的人都一视同仁，更不要把精力和信任放在酒肉朋友身上，而应该抽取80%的时间用在最重要、最牢靠、对人生有影响和帮助的20%的朋友身上，努力认识关键或重要的人。

正如已故管理大师德鲁克所说的，清理你的朋友就像清理你的衣柜一样，只有将不合适的衣服清出衣柜，才能将更多的新衣服放入衣柜。同理，只有不断地认识那些能够改变或帮助你的人，才能构建高质量的朋友资源库。

因此，你需要做的就是，定期清理和优化你的朋友圈。如果你对你的朋友关系不闻不问，那么你的人际关系就可能恶化、流失甚至变质。朋友圈子可以说就是一个大染缸，它可以把你染红，也可以把你染绿，它可以是一个良性的环境，它也可以是一个恶性的沼池。建立一个良好的朋友圈，并定期清理和优化，在这样的朋友关系网络中成长，你一定会成长得无比健康，而如果你的朋友关系网络被污染了，恶习遍布，人人猜忌，互为祸害，那么你的一生就有可能为之所毁。

平时，不妨多想想：你和谁在一起的时间更多一点？跟谁在一起对你的成长更有利、更有帮助一点？你朋友中的这些成员对于你的人生和事业有什么样的作用？他们能够提供给你的信息是正面的还是负面的？你像现在这样同他们交往下去，一段时间以后，你是会有所进步，还是停滞不前或者干脆倒退呢？

这些问题的答案，就是你要采取措施的依据。具体而言，你可以参照以下几个思路来清理和优化你的朋友圈。

首先，多花点时间和精力与合适的人交往，把不适合自己的人从自己的朋友圈名单中剔除。那么，哪些人是合适的人呢？这取决于你的目标和任务，也要看他们的本质和文化素质。凡是能使你的前行向着有利的方面发展的，便是适合你的人，对于这些人你要花费心思使他们留在你的朋友中；同时多结交对你的发展有益的人，并努力保持和他们关系融洽。

其次，多结交那些比你更成功的人，与他们在一起你会受益匪浅的。因为他们是成功者，来自他们的影响多是带领你靠近成功的，所以一定要善于与这类人交往，并成为知已。要经常向他们请教，恳请成功的人帮助你制定成功的计划。

最后，认识关键和重要的人物。当然首先要开放你自己，从各种渠道入手，而不是仅仅局限于你经常接触的圈子，除非你本身已经是个很高端的人物。

如此一来，你的朋友网将健康发展，良性发挥，在这些成功的思想和极具人生意义的行为规则指引下，你的各方面都会越来越成功。可以说，经营朋友是门大学问，并不是喊几句口号、发几次誓就可以实现的；经营朋友，要有比较高的思想道德品质、心理素质、知识素质、能力素质甚至身体素质以及良好的沟通能力。

只有不断地认识那些能够改变或帮助你的人，才能构建高质量的朋友圈。

第七章

修炼自信
——像林徽因那样做真正的自己

这个聪慧灵动的女子，将自己化作一尾鱼，游弋在珊瑚丛般的男人世界里，她始终婉转自如，是一道最为亮丽的风景。因为她懂得，真正的爱情不是"低到尘埃里"，也不是高到云天之上，而是以最优雅的姿态做真正的自己。

1.不以得为喜，不以失为忧

生活总是会给我们很多意外，意外也会给我们带来很多改变，我们最好就是选择接受，不做过多的抱怨，事实上，所有活在世上的人都必须承受生活所带来的意外。既来之，则安之，只要坦然接受，就会发现，意外的人生并不会使你失去很多，反之它可能会给你带来很多。

"不以得为喜，不以失为忧"，是种非常良好的心态。这种心态的优势是专注于自己的事情，不因得失而忧心忡忡或兴奋狂跳。也不要大喜大悲，那样会使我们失去冷静。

要以一种泰然处之的心态去面对，生活是我们的导向，它能把我们从痛苦中引领出来。在沉重的打击面前，需要有处乱不惊的乐观心态。冷静而乐观，愉快而坦然地在生活的舞台上，要学会对痛苦微笑，要坦然面对不幸。

1937年"七七事变"后，日军全面侵华，身在北平的人们开始了大迁徙，对于林徽因一家来说，无疑是个最坏的旅行季节，未卜的前途，茫茫的前路，终点在哪里，无从知晓。在这个时节举家迁徙，步履蹒跚几乎是必然的，可是，战火烧到了生活的边缘，不离开又如何生存下去？

因为是逃难，林徽因和梁思成不得不舍弃北平家中那些精致的岁月积累，除了生活必须的钱和工作必需的论文、古建筑研究资料外，字画古董服装摆设只能统统放弃，尽量轻装上路。

1937年8月，林徽因一家从北京乘火车到天津，从天津坐船到烟台，再转车至潍坊、青岛，之后乘火车至济南，再到郑州，最后抵达大后方长沙。这一路上，林徽因上下舟车16次，进出旅店20次，堪称她人生中最密集的辗转，身体劳累到了极点，所幸的是，在这压抑的空气中，她依旧保持着乐观。

在逃亡途中短暂的居留地——长沙，人们的心情如何可想而知，只有林徽因的家中仍能传出嘹亮的歌声，以歌声赶走心头的阴云，仍希望着美好的明天。有人说，林徽因的身上，有一种奇特的团聚人的力量，她的优雅和坚定影响着周围的人，就仿佛神话中懂得人心灵密语的女神，总能够在人们最困惑的时候，给予他们心灵的安慰。

1937年10月，梁思成的弟弟辗转来到阴雨绵绵的长沙，他供职的中央研究院历史语言研究所准备迁往昆明。战时路途格外崎岖，林梁二人犹豫了。可战争的残酷不由得他们犹豫，日军轰炸了长沙，同时，梁思成主持的营造学社是民间组织，为了更好的发展，他也准备随研究院一起去昆明。于是，林徽因一家不得不再次出发。

12月初，林徽因一家离开长沙，奔赴昆明。

可是，对这一对夫妻来说，意外迭至。梁思成在年轻时脊椎受过伤，他们一路逃难，刚到昆明，长途跋涉的辛劳使他的脊椎病发作，背部肌肉痉挛，痛得彻夜难眠。经过医生诊断，说是因为扁桃腺的脓毒所引发，需要切除扁桃体。可是切除了扁桃体后，却又引发了牙周炎，这让他疼得吃不下任何东西，甚至连水都不能喝，于是他满口的牙齿又被医生拔掉了。半年多时间里,疼痛使他不能在床上平卧,日夜半躺半坐在一张帆布椅上。

林徽因承担起了全部家务,买菜、做饭,洗洗涮涮,往常最令她厌恶的家务她都一一亲历亲为,过去有女佣,但现在一切只能靠自己。她变着法子做可口的饭菜,只想让梁思成多吃一口。医生怕梁思成服用过量的止痛药会对药物产生依赖,建议他做些手工,以分散注意力。可是坐在躺椅上能做什么手工呢?林徽因的心思灵巧,她找出家人的袜子来,让他学着织补。

同时,他们的生计问题也同样严峻,家里的积蓄眼看着就见底了。为了维持生计,林徽因到云南大学为学生上英语课,每星期6节课。课虽说不多,但学校离他们的住所很远,每次去上课来回要翻4个山坡,昆明海拔高,爬坡上山走得快了,林徽因就会胸闷气短,特别是下课回家,更觉得累乏。一个月下来,能赚40元钱的课时费。

拿到钱,林徽因就在回家的路上走进了卖日用杂货的商店。她第一个要买的,便是外出考察古建筑用的皮尺,价值23块钱,占了工资的一半。林徽因没有犹豫,她想,梁思成见了这皮尺一定也会很高兴。

走到回家的那条街拐角处,林徽因又花了几角钱为孩子们买了一些当地的特产——核桃糖、一包糖炒栗子。核桃糖是把核桃仁和熬化的蔗糖在盆里混在一起,凝结成冻状后扣在案板上,买多少切多少,像北京的切糕似的。糖炒栗子让林徽因想起了北京,不过昆明的糖炒栗子比北京的好吃。

林徽因的买皮尺和张爱玲小时候得到5块钱稿费时第一时间便跑去买了支口红,这两者之间的相似之处是她们对于所买的东西，都有一种真的热爱；相异之处，张爱玲是对生活之爱，带着点负气的意味，林徽因是对事业和丈夫的爱，她真的是把事业当生命。

为了生活，他们还帮人设计私人住宅，可往往拿不到应得的报酬；他们也会被邀请出席权贵们的宴会，可林徽因必做声明："思成不能酒我不能牌，两人都不能烟。"即使生活遭遇种种挫折和意外，但她依然保留着知识分子的那份清冷。

人的一生会因一些意外所改变，但并非所有意外都是坏的，生活中频繁光顾的意外让林徽因饱尝颠沛流离的滋味，但她也真正洗去了一身铅华，在饱尝生活的艰辛后，成了生命的勇者。这个世界上有几个人能一直沿着自己所追求的路走下去呢？生活本来就是到处充满意外，或者说是到处充满机会、到处充满障碍。

一个人的坦然是种生存的智慧。生活的艺术，是看透了社会人生以后所获得的那份从容、自然和超然。

然而，女人大多都是感性的，高兴的时候会大笑，悲伤的时候会痛哭，在遇到事情的时候很难保持从容和镇定，得意忘形，失意悲伤。原本一切很好，富贵得意，可一旦发生意外情况，女人就会失落到底，甚至产生自卑、抑郁的情绪，就像是变了一个人一样。佛告诉我们：人应无所住而行布施，是解脱，是大解脱，一切事情，物来则应，过去不留。一个女人只有用一颗平常心看待人生的起落，她的内心才能得到真正的解脱。

有这样一则故事：雨天，行人都匆忙地往前跑，只有一人不急不慢，在雨中踱步。对此，旁边跑过的人非常不解，喊道："下雨了，你怎么不快跑？"此人不慌不忙地答道："急什么，前面不也在下雨吗?"也许有人会觉得故事中那个雨中踱步的人很可笑,若换个角度来看,当人们在面临风雨匆忙奔跑之时,他能够淡然地欣赏雨景,也是一种从容的生活智慧。

　　安茜性格开朗,无论什么事情都很有主见,对待感情她更是敢爱敢恨。安茜也曾经历过一次伤心的恋情,被伤得体无完肤的她只身一人来到了北京。原本想凭借专科学历找份好工作,无奈北京人才济济,投出去的简历总是杳无音信。那时,她有些沮丧,可是很快她就转变了想法:北京有那么多人都在找工作,又不是我一个人,怕什么呢!

　　后来,安茜又面试了几家公司,最终被录用了。在新公司里,她认识了原野,而原野正是她的上司。凭借自己的能力,安茜半年后就得到了提升,而原野对她也越来越不一样。面对公司上下的议论,原野敢爱却不敢承认。安茜也察觉到了这一点,但她没说什么。但安茜在背后经常遭受同事的谩骂,说她是"小姐"、"寄生虫"之类的。对此,安茜很平静。

　　面对流言蜚语,原野有些沉不住气了。他找到安茜,并向她承认了自己的懦弱。面对原野的胆小怕事,安茜没有无理取闹,只是平静地接受了。后来,公司里的人发生了争执,大家开始陈芝麻烂谷子地说起旧事,结果闹到了董事长那里。安茜和原野的"地下情"曝光了,但安茜也没有被吓倒,她平静地向董事长陈述了自己和原野的关系,她的大方和平静得到了董事长的赏识,直接被提升为总经理秘书。

　　看到安茜镇定、从容的表现,原野自愧不如。他找到安茜,向她道歉,两人又和好如初。就这样,安茜在现实生活面前用微笑面对，赢来了爱情和事业的双丰收。

要学会坦然面对生活中的那些意外，因为只有你接受了，才会看到新的希望，只要生活能使自己过得快乐些，那么你必会坦然地面对意外的人生并不断勇往直前。

2.永葆生命的鲜活

巴尔蒙特说："为了看看阳光，我来到世上。"生命中的每一个瞬间，都是一颗闪亮的珍珠，生命的意义不在于时间的长短，而在于人生的价值。无数的历史事实告诉我们：生命创造了辉煌，辉煌又延续了生命。

宇宙洪荒中，人类是渺小的一粒尘埃，可尘埃也有自己的生命，掌控着无限可能的未来。

生命世代繁衍，生生不息，为人类的进步留有无穷的余地。作为生命个体，每个人又是如此与众不同，背负着由生至死的命运，享受着几十载光阴，或平淡，或惊奇。

我一直相信生命本身就是个奇迹，而且生命对我们每个人都是公平的，不论你是美还是丑，是聪明还是愚顿，是健康还是残疾，至少上帝都赐给了我们生的奇迹、生的权利。

可我并不认为每个人都真的懂得珍惜生命，因为珍惜生命并不是简单地让自己活着，而是在于你的生命是否更有价值，你是否能用你的生命创造更多的奇迹。

有的人虽然活着，但他们却放弃了很多应该努力坚持的东西，他们的生命也暗淡无光；可也有的人非常珍惜这难得的生的机会，他们让生命在有限的时间里真正体现了生的价值。

每个阶段都会有所不同，那每一阶段的每一天呢，是否几十年如一日，渐渐从轻快涌动的活水，变成了毫无生机的死水？

生命在于运动，更在于永葆鲜活。

如果你懂得为生命而歌，那么你可以让你的生活每天都充满着快乐，其实幸福并不奢侈，只是每个人都忽略去掌握。漫天的飞舞是蒲公英的幸福，翱翔大海迎击闪电雷鸣是海鸥的幸福。

1933年11月初，一个星期六的下午，萧乾做客林徽因家中，见到病中的女主人，不禁感慨道："听说徽因得了很严重的肺病，还经常得卧床休息。可她哪像个病人，穿了一身骑马装……她说起话来，别人几乎插不上嘴。徽因的健谈绝不是结了婚的妇人的那种闲言碎语，而常是有学识、有见地、犀利敏捷的批评……她从不拐弯抹角，模棱两可。这种纯学术的批评，也从来没有人记仇。我常常折服于徽因过人的艺术悟性。"

1945年，在重庆为林徽因就诊的美国外科专家里奥·埃娄塞尔博士发现她的双肺和一侧肾已被结核菌严重侵染，便推测她活不过5年。她冰雪聪明，没有探问这个检查结果，似乎早已明白。她只是悄悄地、匆匆地搜集着建筑资料，写论文，写诗，显得分外忙碌。此时她在《人生》这首诗中写道："人生，你是一支曲子，我是歌唱者。"是啊，她是一个生命的歌者，对生命始终都充满着热情。

在可可西里，猎人们穷追一群藏羚羊，藏羚羊拼命地逃到一座山谷前，它们必须越过两米多长的山涧才能逃生，可是即便最强壮的藏羚羊也不可能越过这个山涧，但是奇迹发生了，成年的藏羚羊飞身跳向悬崖，而后面的小羚羊跳起来踩着成年羚羊的背飞身一跃，居然跳过了悬崖，而成年藏羚羊却摔下了深深的悬崖。猎人们惊呆了，这些藏羚羊居然在瞬间选择放弃自己的生命，只为了使自己的种族得以延续。面对这些低等生物，我却似乎无法再评价太多了，我想我即便运用人类最华美的词语也无法像这些藏羚羊一样用自己的牺牲来生动地诠释生的含义，也许它们对珍惜生命的理解比我们这些活在物质社会里的人类更加深刻。

1947年12月，林徽因进行了一次大的手术，在手术前的两个月里，是持续的担惊受怕，她虽然熬过了短暂的发烧期，但在随后的检查中发现了由输血带来的并发症，只有等到医院来了暖气才能做手术。

手术前，林徽因给费慰梅写了诀别信："再见，我最亲爱的慰梅。要是你忽然间降临，送给我一束鲜花，还带来一大套废话和欢笑该有多好。"

没有对死亡的恐惧，只有对好友的眷恋与不舍，带着小女人的俏皮，以及在危难间对生命抱有的一丝希望。

可喜可贺的是，她又一次战胜了死神的威胁，坚强地挺了过来。

费慰梅在《梁思成和林徽因》中叙述道：

手术后不久思成和老金两人都写信来要我们搞点特效药链霉

素。这药也不容易弄到,但我们还是想办法托到北京出差的美国朋友分别带了两份去。最后我们得到消息说,徽因已出院回到她清华园家里自己温暖舒适的卧房中,这个地方她戏称是"隔音又隔友"。

到2月中徽因已摆脱了术后的热度,她的体力在逐渐恢复。思成说:"她的精神活动也和体力一起恢复了,我作为护士可不欢迎这一点。她忽然间诗兴大发,最近她还从旧稿堆里翻出几首以前的诗来,寄到各家杂志和报纸的文艺副刊去。几天之内寄出了16首!就和从前一样,这些诗都是非常好的。"

他在附言中要我们寄一盒500张的轻打字纸作为新年礼物。"这里一张要一万元,一盒就是半个月的薪水。"这么厉害的通货膨胀真是难以想象。老金也写信来说徽因是好多了,但又补充说,"问题在于而且始终在于她缺乏忍受寂寞的能力。她倒用不到被取悦,但必须老是忙着"。她修改、整理和争取刊行她的旧诗。老金鼓励她这么干,"把它们放到它们合适的历史场景中,这样不管将来的批评标准是什么,对它们就都不适用了"。

生命是否鲜活,全仰仗于个人的安排,不论健康或疾病,都有机会保持前进的动力,不要因为一点病痛就让生活变得死气沉沉。

1954年入秋以后,林徽因病情开始急剧恶化,"每天都在床上艰难地咳着、喘着,常常整夜不能入睡。她的眼睛仍然那样深邃,但眼窝却深深地陷了下去,全身瘦得叫人害怕,脸上见不到一点血色"。她那璀璨的一生,至此已经走到了最后的关头。

其实，从1945年被医生警告最多只能活5年开始，林徽因的生命就已经时时笼罩在死亡的阴影中了。但她奇迹般地坚持到1955年，这分分秒秒，都是她以强大的精神力和生命力，从死亡边缘所努力争取的，就像1947年秋她写给费慰梅的信中说的那样："你看，我就这样从水深火热中出来，又进行了这些所谓'不必要的活动'，要是没有这些，我早就死了，就像油尽灯枯——暗，暗，闪，闪，跳，跳，灭了！"

林徽因的生命奇迹，在于她对生命的敬意，对生命的热爱和渴望。世间因为有了生命，才有了勃勃生机。当我们看到石缝间的生命奇迹时，不禁赞叹而感动落泪。在环境的阻止和受限下，生命延续的渴望却是不可抑制的，对于自然环境的因素有时或许的确存在一些无奈，适者生存的自然规律时时刻刻都在对生命的存在进行着考验，无论多么弱小的生命都是一种奇迹。

只有为生命而歌的人，才会造就生命的奇迹，才会坚定人生的信仰，让路走得越来越宽。每个人都有自己不一样的生活，我们都在用自己的方式，为自己的生命演绎着精彩。因为有生命，所以要时时保持一种积极的信念，以此为精神支柱的力量便坚不可撼。相信，生命的存在本身就是一种精彩。

每个人都希望自己的人生能像生长在温室里的花朵一样，能够得到人们的百般呵护，生命的历程能够一帆风顺。当然，顺境的生活总会让我们轻松，但不经风雨又怎能见到彩虹的绚丽？每一个生命都应该学会坚强，就像林徽因那绚丽的生命一样，生命有权辉煌绚丽，人生没有理由不活得更加精彩。

3.因自信而美之，以内涵而魅之

女人因自信而美，自信以内涵而魅。自信的女人总会拥有诱人的气质和风度，沉淀在心中的内涵，就像一湾深湖，在优雅与从容之中演绎着自己的精彩，她们更会通过自信把自己全部的美丽毫无保留地完全绽放出来。

自信是一种顽强的精神力量，拥有它的人能排除各种障碍，克服各种困难。自信往往可以产生意想不到的效果。而对于女人来说，自信使女人更美丽。

女人的自信与沉鱼落雁、闭月羞花的容貌和魔鬼般的身材都没有绝对的关联。沈殿霞和张越，按照一般的审美观，既没有漂亮的容颜，也没有迷人的身材，可是从她们脸上分明可以看到一种独特的自信，正是这种自信加上自身的艺术才华，她们才能在竞争激烈的文艺媒介圈子里立于不败之地。可见，女人的自信缘于对自己以及对他人清醒的正确的认识。也只有当女人具备自信但不张狂的内在美时，她才真正称得上是美女。

缺乏自信的美是短暂的，会随着时间的流逝而一点一点地消失在无情的岁月里。而充满自信的女人，她的美会随着时光的脚步越来越耀眼夺目。

自信的女人总是能够坦然地面对生活赋予她的一切，幸福也好、苦难也罢，她总有勇气去承受，即使面对挫折和逆境，她仍有前进的动力。自信让她相信自己可以克服所有的困难，并不断地完善自己。她总是精神焕发地投入到生活和工作中去。

据调查,最让男人欣赏的女人就是自信的女人。因为与自信的女人交往,让他们没有压力,虽然千百年的习俗一直把女人放在弱者的位置上,但其实太过娇弱依赖的女人也让男人感觉很累。这里所说的自信并不是强悍,而是一种落落大方的态度,像林徽因就是一个自信的女人,她的美与众不同,带有一种"光环效应",通身散发着独特的吸引力,自信使她看上去神采奕奕、明艳动人。她总是扬着自信的头颅,嘴角常挂着微笑,炯炯有神的双目流动着光芒。

林徽因的自信,缘于她对文化和艺术的虔诚热爱,缘于她对中西文化的深刻了解,她内敛的气质、她善辩的词锋以及她对真理的执著追求,更缘于她对自己专业知识的深度了解。

她曾经感叹道,许多外国的建筑史著作中,很少承认中国的建筑在世界建筑史上有其独立的系统及地位。而她在分析中国古代建筑主要结构特征的基础上,论证无论在世界还是在东方,中国建筑都有着独特的地位和价值,这些结构特征从来没有因为外来的影响而发生变化。

她认为,中国建筑艺术的主要特色,表现在古建筑的屋顶、台基、斗拱、色彩和平面布局等方面,这些是中国建筑的精神之所在。和人谈起这类话题时,她的眼睛里闪着智慧的光,浑身散发一种令人侧目的自信。也许,人在谈论自己擅长的领域时,那种自内而外迸发出来的自信,让人有一种忍不住信服的力量。

林徽因无疑是自信的,她因自信而更加美丽。她拥有自信的一切条件，无论是外在的面容，还是内在的内涵。那么平凡一如你我，如何才能拥有她那样笑看风云的自信呢？

当代著名作家毕淑敏曾说过，我不美丽，但我拥有自信。是啊，自信原本就是一种美，一种持久的美。那些天生丽质、拥有花容月貌般的女人固然很漂亮，但若缺少了自信、优雅、从容、淡定，这种美丽也是缺少灵魂的。

所以只有美丽而又自信的女人，才是一幅令人赏心悦目的旖旎画卷，她们既有迷人的风韵，又有惊人的魄力。对这样的女人而言，人生不是等待而是创造，命运从来都掌握在自己手中。因而，在角逐人生、实现自我的竞技场上，她们更是巧于利用上苍赋予女人的天然姿色进行自我推销、自我展现，获得异性扶助的机缘就较寻常女子要多，赢得成功人生的机遇尤其令人钦羡。

2003年的中国环球小姐吴薇，单从外表来看，清秀纯情，落落大方，普通得就像一个邻家女孩。

吴薇当属那种非常耐看，而且越接触感觉越好的女孩。她淑女式的微笑后面裹挟着的是无比的镇定和自信，她在不同的场合都用真诚的眼神和话语回答着不同的问题，没有一丝的拘谨。让人感觉她的美丽来自她的自信，她的聪慧，她的踏实和平淡。

吴薇在参加环球小姐比赛之前，只是一家银行的普通职员。后来多次参加选美比赛，均以卓尔不群、古典的气质和亲和力让评委和现场观众赞叹不已，先后获得过世界福清小姐大赛的第三名和石狮形象小姐冠军。

女孩子去参加选美，多少总会受到身边人的不解和非议，但吴薇认为："选美本身并没有错，它可以把美和爱带给世界上每一个人。而参加选美对于一个女孩子来说也是一种锻炼的过程，比如像我以前如果面对大场面可能会害怕，但是现在不会了，通过这样的大赛，我成熟了。"

吴薇第一次参加"选美"比赛，由于经验不足，决赛时败下阵来。不过，这个"第一次"无疑对吴薇的心理承受能力是一个很好的考验，也为她日后奠定了良好的参赛基础。

2003年4月，环球小姐中国赛区的比赛在济南举行。23岁的吴薇抱着"最后一搏"的心态再次出征。"当时我想不管结果如何，中国小姐的选拔都是我最后一次参加比赛，我希望趁自己还有比较好的状态时去见识一下五湖四海的女孩。"吴薇注重的是参与的过程而不是结果，所以尽管在分赛区的比赛中，她只得了第四名，还是积极地参与到总决赛的培训中，把自己最好的精神风貌带到总决赛。这次，吴薇笑到了最后，把中国环球小姐的桂冠紧紧握在自己手中。

问到吴薇夺冠的最大优势是什么，吴薇笑着说，自信是对美丽最好的表现。"其实我始终都认为自己是个平常人。环球小姐的比赛就是为我这样的普通女孩准备的，每个自信的女孩子，都能站到这个舞台上来，我得了奖，是我刚好得到了一次机遇。"

不要怀疑自己不美丽，自信就是女人的魅力。自信不像容貌是天生造就的。自信是后天培养出来的，是在孜孜不倦地追求人生、生命的最高质量和境界中，用内在的灵感和魅力去拥抱和欣赏自己的生活自然形成的。不论在什么场合，能谈笑风生，落落大方，衣着得体，动作恰到好处，定能在众多美女中脱颖而出，成为男人们眼里的一道风景线。

女人拥有了自信，便获得了感染、影响他人的人格力量。自信女人的言谈举止给人一种如沐春风，如饮甘泉的感觉。自信和魅力是女人永远美丽的法宝，拥有自信和魅力的女人一辈子都是美丽的。

每一个人来到这个世界上，都拥有自己独特的东西，拥有别人所不能拥有的东西，同样你也不可能拥有所有你想拥有的东西。例如每个女人都想拥有靓丽的容颜，苗条的身材，惹人爱怜的似水柔情，可这些也往往会成为无法摆脱的重负，将她们羁绊在尘世当中。为了容颜和身材她们花大把的金钱和时间去美容、去健身，为了似水柔情她们放弃自我的个性。其实她们追求的美丽与漂亮是有区别的，真正的美丽，是一种光彩，是自然而然的流露，是一种扑面而来的感觉。美丽就是女人的自信、从容，这样的女人会从头到脚都透出优雅，那是漂亮的脸蛋所比不了的。

许多人在人生的旅途中，因为困难，因为压力，因为自馁，因为误解，便会失去对生活的自信，其实自信也需要不断地修整自己、提升自己，需要不断地调整自己、积累自己，需要不断地充实自己、改变自己。所以不管今后怎么变化，女人都应该用一颗热爱生活、开朗豁达、淡泊宁静的平常心面对生活，因为在平静幸福的生活中要满足自己所拥有的，然后才能过上自信而快乐幸福的生活。

海伦·凯勒被认为是美国历史上最伟大的女性之一。一生只有19个月光明和声音的海伦·凯勒，却给全世界的人们带来了无穷的光明与希望。

海伦的一生，是创造奇迹的一生。海伦用惊人的毅力面对困难，用苦难成就奉献，用爱心拥抱世界。她的去世，被认为是整个世界的损失。

海伦·凯勒1880年出生于亚拉巴马州北部一个叫塔斯喀姆比亚的城镇。在她一岁半的时候，一场重病夺去了她的视力和听力，接着，她又丧失了语言表达能力。然而就在这黑暗而又寂寞的世界里，她竟然学会了读书和说话，并以优异的成绩毕业于美国拉德克利夫学院，成为一个学识渊博，掌握英、法、德、拉丁、希腊五种文字的著名作家和教育家。她走遍美国和世界各地，为盲人学校募集资金，把自己的一生献给了盲人福利和教育事业。她赢得了世界各国人民的赞扬，并得到许多国家政府的嘉奖。

一个聋盲人要脱离黑暗走向光明，最重要的是要学会认字读书。而从学会认字到学会阅读，更要付出超乎常人的毅力。海伦是靠手指来观察老师莎莉文小姐的嘴唇，用触觉来领会她喉咙的颤动、嘴的运动和面部表情，而这往往是不准确的。她为了使自己能够说好一个词或句子，要反复的练习，海伦从不在失败面前屈服。

从海伦7岁受教育，到考入拉德克利夫学院的14年间，她给亲人、朋友和同学写了大量的信，这些书信，或者描绘旅途所见所闻，或者倾诉自己的情怀，有的则是复述刚刚听说的一个故事，内容十分丰富。在大学学习时，许多教材都没有盲文本，要靠别人把书的内容拼写在她手上，因此她在预习功课的时间上要比别的同学多得多。当别的同学在外面嬉戏、唱歌的时候，她却在花费很多时间努力备课。

海伦用顽强的毅力克服生理缺陷所造成的精神痛苦。她热爱生活，会骑马、滑雪、下棋，还喜欢戏剧演出，喜爱参观博物馆和名胜古迹，并从中得到知识。她21岁时，和老师合作发表了她的处女作《我生活的故事》。在以后的60多年中她共写下了14部著作。

是的，海伦·凯特又聋又盲，但她通过触觉感知的世界同样丰富多彩。是自信给了她光明，使她的内心阳光灿烂。同时，她的自信又驱散了多少人心头自卑沮丧的阴霾。

自信对于女人是很重要的一种品性，有自信的女人总是能坦然地面对社会，面对生活赋予她的一切，如果你想做个美丽女人，就得拥有自信。只要你有自信，你就拥有了美丽，只要你有自信，你就拥有了世界，拥有一切。

4.宽容善良，女人最有魅力的财富值

或许是因为过分吸引了男人世界的眼球，女人对林徽因有嫉妒心也属正常，实际上，任何一个取得成功或者生活在光环下的女人都会激起别的女人的忌妒心，因为她们做不到，而她做到了。

嫉妒是女人的一种天性。俗话说，男人妒才，女人妒色。女人很容易嫉妒，但同时，女人又希望自己被别人所嫉妒。小时候嫉妒别人的好看裙子，长大后嫉妒别人的男朋友，结婚后嫉妒比自己大的钻戒，有了孩子之后嫉妒比自己家聪明的孩子。这跟女人这种生物的性别有关系，没有对和错之分。因为这在很大程度上可以满足她的虚荣心。

林徽因是个率性女人，讲话难免得罪人。

李健吾曾这样描述："她绝顶聪明，又是一副赤热的心肠，口快，好强，几乎妇女全把她当作仇敌……热情是她的生活的支柱。她喜好和人辩论……"的确，以林徽因棱角鲜明的性格与她头顶上的庞大光环，难免容易引起同性人的忌妒，甚至"战争"。

冰心就是一个典型。据说冰心的小说《我们太太的客厅》就是以林徽因家的"太太的客厅"为原型写的，冰心在小说中写道：

"我们的太太自己虽是个女性，却并不喜欢女人。她觉得中国的女人特别的守旧，特别的琐碎，特别的小方……在我们太太那'软艳'的客厅里，除了玉树临风的太太，还有一个被改为英文名字的中国佣人和女儿彬彬，另外则云集着科学家陶先生、哲学教授、文学教授，一个'所谓艺术家'名叫柯露西的美国女人，还有一位'白袷临风，天然瘦削'的诗人。此诗人头发光溜溜地两边平分着，白净的脸，高高的鼻子，薄薄的嘴唇，态度潇洒，顾盼含情，是天生的一个'女人的男子'。"

不难看出，作者字里行间里充斥着讽刺与挖苦的口气，甚至连小孩子都不放过。林徽因的女儿学名叫再冰，小名正是叫冰冰，而小说中的女儿名日"彬彬"，不知是天然的巧合，还是作者有意的安排。

不仅仅这样，冰心还在《我们太太的客厅》中写道：

"这帮名流鸿儒在'我们太太的客厅'指点江山，激扬文字，尽情挥洒各自的情感之后星散而去。那位一直等到最后渴望与'我们的太太'携手并肩外出看戏的白脸薄唇高鼻子诗人，随着太太那个满身疲惫、神情萎靡并有些窝囊的先生的归来与太太临阵退缩，诗人只好无趣地告别'客厅'，悄然消失在门外逼人的夜色中。整个太太客厅的故事到此结束。"

小说的指向性非常明确，那就是"我们的太太"，而且也不难看出，作者的情感是包含着一些羡慕忌妒恨在里面的。

那么作为被"讽刺"的女一号林徽因应该"以牙还牙"，给予强烈的还击才是。但"我们的太太"并没有做出什么出格的行动来。

这显示了一个女人的胸襟气度，绝对不会在不该计较的事情上浪费精力，她显然并不是太在意那篇讽刺小说，或者说根本没放在心上。所以至今在这件事情上也没有她任何的负面描述，倒是那篇小说出尽了风头。

尽管冰心后来说，那篇明显带有讽刺意味的小说写的不是林徽因，而是陆小曼，但写的究竟是谁，已经不重要了，重要的是林徽因的宽大胸怀给我们留下了深刻的印象。

通常，敏感的女人能一下子从对方燃烧的眼里读出嫉妒，如果她善良而聪明，那么她会不动声色，一笑了之。如果她爱慕虚荣，那她可能会得意非凡，借机炫耀。因此来说，善于嫉妒的女人一般都不会有个好性格，当然也就不会有个好生活了。

比如说，在街上看到一个身材妙曼的时尚女子的背影，男人会想找机会到正面，看看她是不是美女。女人则在想她是否不是美女，她心里会说："背后还不错，前头一定不怎么样吧！"如果确实如此，她会觉得很安慰；万一从前面看，又是个美女的话，她的心就会难以平衡，必须找些话暗中贬低她："可惜气质不太好。"

以前看了一则流传很广的小故事。说有一个女人遇见了上帝。上帝说："现在我可以满足你任何一个愿望。"她听了高兴不已。上帝接着说，"但有一个前提，就是你身边的人会得到双份的报酬。"

这个女人的脸马上就沉了下来。她心想：如果我得到一份房产，我的朋友就会得到两份房产了；如果我要一箱金子，那朋友们就会得到两箱金子了；如果我要一个男人做丈夫，那么，她们就会得到两个丈夫……她想来想去，都觉得不值得。为什么自己遇到了上帝，却便宜了朋友？

她实在不甘心让朋友占便宜。最后，她一咬牙，对上帝说："您挖我一只眼珠吧！"

当然，你可以想象到，这个女人被挖掉了一只眼珠，她的朋友们相应地被挖掉了两只眼珠。因为不想便宜朋友，她宁愿失去自己的眼睛，也不愿意跟朋友一起高兴，却愿意跟她们一起痛苦。

相传刘伯玉妻段氏嫉妒心很强。刘伯玉曾经称赞曹植在《洛神赋》中所写女神洛嫔的美丽，段氏听到后，气愤地说："君何得以水神美而欲轻我？我死，何愁不为水神？"后果真投水自杀。于是后人将她投水的地方称为"妒妇津"，相传，凡女子渡此津时均不敢盛妆，否则就会风浪大作。

这个故事反映了普遍存在于人类社会中的嫉妒心理，这也是人性的一大弱点。

从中不难看出，在嫉妒的背后所隐藏着的，除了难以启齿的沮丧与愤怒，究其根源，还是不公平。人都有一种公平心理，当现实和理想产生差距时，人就会不自觉地形成攀比，内心会产生严重的不平衡体验以及对他人的反感，造成人际关系紧张。

对女性来说，从生活的现象上看，女性的嫉妒是和她人互争长短所产生的一种意识，嫉妒和羡慕很像，它都是在和她人比较过后，觉得自己无论如何都有胜算时所产生的一种感情。但嫉妒和羡慕相比，往往有着更多的心理失衡，有时甚至包含着敌意。

令人奇怪的是，女人嫉妒的对象也多是女人。一个女人的相貌、才华、爱情、家庭、金钱等等，都有可能使另一个女人心生妒意，甚而坐立不安；还可能因为嫉妒另一个女人而寝食难安，甚至陷于疯狂，她不会阿Q精神胜利法，她容易死钻牛角尖。她会把嫉妒进行到底，坚定不移。这是女人缺乏理性反省能力的明证。

女人要时刻提醒自己，在这个世界上，有很多人生活得比你好，比你富有，但是，每个人都有自己的幸福，你也有他人没有的快乐。与其嫉妒别人，不如享受自己的幸福，做好自己的事情！何况，嫉妒并不能让你改变任何东西，打击了那些比你成功的人，你就能获得成功吗？中伤了那些比你幸福的人，你就能获得幸福吗？

5.郁葱挺拔，自信的树靠自己栽培

女人在经济上的独立是自我实现的首要条件。现在普遍的观点都认同：同甘共苦才是家庭中的智慧。女人肩上任重而道远，旧时的一些观念不仅要改变，女人还要追求自己的地位和财富，追求自己的快乐和幸福。

真正能独立自主的女人，会得到社会及他人的尊重，这是女人寻回自我的首要前提。有事业的女人能与自己的男人平起平坐，能让他们不会轻易产生"是我在养你"的心理，能得到男人的尊重和敬佩。

说起何雪媛这个名字，大约能记得的人并不多，然而和这个名字紧密相连的另外两个人，林徽因和林长民，却都是在中国近现代史上响当当的名字了。

林长民，清末民初政坛风云人物，是何的丈夫；林徽因，新中国第一位女建筑师，才女，作家，则是何唯一活下来的子女。

这个家庭里，多是叱咤风云的倜傥之士，唯有何雪媛，她是生活在大树旁边的一棵小草。没有花香，没有树高，她就是一棵无人知道的小草，经常寂寞，经常烦恼，在林府她没有伙伴可以倾诉和唠叨。

在何雪媛之前，林长民曾娶妻叶氏，叶氏早逝，没有留下儿女。说起来何雪媛进林府作继室应该和原配无异的，可惜小作坊出身，不读书不识字，也不会女红的何氏，和林府的其他女人，包括她的婆母游氏那一派闺秀风范相比，悬殊太大。从进入林府那天起，那就不是和谐的音符。

何氏生下的子女当中仅长女林徽因活了下来，另一男一女，都夭折了。在不孝有三无后为大的古训面前，断后之忧困扰着林长民的父母，何氏本就尴尬的位置雪上加霜，来自二奶的压力若隐若现。

终于在他们婚后的第十个年头，林长民娶了上海女子程桂林。这个被林徽因称作二娘的女子，其实也没什么文化的，只是要比何氏幸运得多了。不但会讨男人的欢心，还一连生了几个儿子，连公婆的欢心也一并讨来了。林长民毫不掩饰对这个小妾的宠爱，自号"桂林一枝室主人"。何氏被冷落，长期住在被遗忘的后院，已是不难想象的结局。

被冷落的何氏一定是经常怨天尤人的，这让和她一起生活的林徽因也格外矛盾。她同情母亲被遗弃的悲戚，却又无比清楚她自己的短处。梁从诫曾这么说他的母亲林徽因："她爱父亲，却恨他对自己母亲的无情；她爱自己的母亲，却又恨她不争气；她以长姐真挚的感情，爱着几个异母的弟妹，然而，那个半封建家庭中扭曲了的人际关系却在精神上深深地伤害过她。"（摘自《倏忽人间四月天》）

林徽因是怎么说自己的母亲的呢？她在致费慰梅的一封信中这样说的：我自己的母亲碰巧是个极其无能又爱管闲事的女人，而且她还是天下最没有耐性的人。刚才这又是为了女佣人。真正的问题在于我妈妈在不该和女佣人生气的时候生气，在不该惯着她的时候惯着她。还有就是过于没有耐性，让女佣人像钟表一样地做好日常工作但又必须告诫她改变我的吩咐，如此等等——直到任何人都不能做任何事情。我经常和妈妈争吵，但这完全是傻冒和自找苦吃。

文字里浸透着浓郁的无奈啊！

何氏因为没有别的亲人，就和林徽因一直一起生活。因为她是母亲，林徽因无条件地爱她；但又因为她自己的原因，使得她几乎是林徽因一直要背负着无法放下的包袱。

金岳霖也曾经分析过这对母女的感情："她属于完全不同的一代人，却又生活在一个比较现代的家庭中，她在这个家庭中主意很多，也有些能量，可是完全没有正经事可做，她做的只是偶尔落到她手中的事。她自己因为非常非常寂寞，迫切需要与人交谈，她唯一能够与之交流的人就是徽因，但徽因由于全然不了解她的一般观念和感受，几乎不能和她交流。其结果是她和自己的女儿之间除了争吵以外别无接触。她们彼此相爱，但又相互不喜欢。"

林徽因比自己的母亲去世得早。林徽因死后，她随自己的女婿，梁思成生活。20世纪70年代，梁思成又先她而去，何氏又随梁的后妻林洙生活半年。1972年去世时已经是90岁高龄。

何雪媛的一生，基本是无声无息的一生，她就是活在树的旁边的一棵小草，她轻轻地来或者轻轻地去，都不打扰树的绿意盎然和喧嚣热闹。林长民晚年曾在宅院里栽了两株梧树，因此还自谓"双梧老人"。梧树，也就是桧树，是雌雄异株的树种，如果其中一棵代表林长民自己的话，那么，另一棵却一定不是何雪媛。

尽管林长民其他子女也都不是树,而唯独何雪媛生下的林徽因,长大后,郁郁葱葱地挺拔着。

或许是母亲的命运启发了林徽因,让她懂得了怎样去爱与被爱,懂得了在爱情里怎样保全自己——没有独立的经济来源,没有独立的情感世界,女人永远是男人的衣服;没有一个让自己安身立命的本事,女人迟早会成为怨妇中的一员;不能自立的女人,注定不能把握自己的命运。

自立的女人不会把终生的幸福完全交在那个他手中(尽管求婚时他说:我会让你一辈子幸福),他哪有那么多精力打理你的幸福,更何况女人对幸福的要求男人一般达不到。所以,女人要和他一起共同为家付出。这样即使当你面对一份支离破碎的生活时,你的自立也会让你重拾生活的勇气,重新开始打理自己的生活。

古今中外,任何一个值得尊敬的人都是用辛勤的工作,来换取事业的成功的。事业不仅是为了满足女人生存的需要,同时也是体现个人价值的需要。自信女人的一个可贵之处就是能够拥有自己独立的事业,它能给女人以精神的寄托,同时又使女人经济独立、人格独立。

一个女人是某著名高校中文系的硕士生。在临近硕士毕业时,她结束了长达五年的爱情长跑,接受了先生的求婚。到该找工作的时候,她也和其他同学一样开始做简历、挤招聘会。当时她以为凭着硕士文凭和在报社、电视台实习的经历,一定能找到一份如意的工作。谁知道一跳进人才市场的海洋里,她就发现情况和她想象的大不一样。

　　周围的不少朋友劝她："何必辛苦呢？你老公留学归来，又是工科博士，那么多单位开价都是一万两万的。你干脆不工作，在家写点小文章，赚点小钱，悠然自得不好吗？"于是她把档案往人才市场一放，选择了不工作。

　　可当最初的兴奋一过，才发现这样的生活过得并不美好，先生每天去上班时，她还在睡大觉，中午一个人在家随便吃点将就着，一整天就在家里穿着睡衣到处晃悠。于是她开始觉得失落、觉得不快乐，渐渐地脾气越来越坏，动不动就发火。

　　深夜梦醒的时候，她不断地追问自己：这真的是我想要的生活？答案是：不。我想去工作，不是因为别的，而是需要。

　　于是，趁着先生到上海去发展的机会，她也开始像一个应届毕业生一样，又开始了在上海的求职之路。终于，她在一家报社开始做编辑，尽管工资不高，却让她觉得很踏实。她说："在这个人才济济的城市里，我看到了太多优秀的女人怎样在生活。如果你问我，现在累吗？的确有点累，但我很满意。现在，见到我的朋友总说我比以前更有神采了。"

　　现在更多的女性努力工作是为了释放自己最大的价值，在不断的进取和成绩中获得肯定和自我完善。她们和那些放弃工作、走入家庭的女性形成鲜明对比，更显独立自主，为社会创造价值，是城市街头匆匆奔走的亮丽风景线。

　　独立自信的女人可以骄傲地对世人宣称她们是天空之中翱翔的鸿雁，是高原上奔跑跳跃的藏羚羊，是花丛中翩翩起舞的美丽蝴蝶……在世间，她们用自己的方式展现着属于自己的美丽。

　　独立自信的女人拥有广阔的心胸，高瞻远瞩的目光。她们没有临渊羡鱼而后感叹，她们用行动实践着"退而结网"的道理，她们用自己的双手规划自己的未来。她们懂得"靠山山倒，靠水水枯，靠自己永远不倒"的道理，她们学会用自己手中的笔，在蓝图上描绘自己将要创造的山水。

独立自信的女人会给人一个轻松自在的感觉，让人惬意得像漫步在幽静的山林之中，即便面对变幻无常的社会，她们也不会丢掉轻松的微笑。

第八章

修炼浪漫

——在风花雪月与柴米油盐中穿行

曾有人如此评价林徽因的选择：她选择了一栋稳固的房子，而没有选择一首颠簸的诗。与徐志摩在一起享受了风花雪月的浪漫，又与梁思成在一起，体悟到了志同道合的默契。

1.把浪漫融入到世俗里

有人说，林徽因就像一袭华美端庄的旗袍，既宜室宜家，又倾国倾城。那合体的裁剪，精美的软锻面料，是如此地贴近肌肤，又像隔着淡漠老旧的岁月，回望一百年前的经典。但就是这样的一位女子，却可以与常人谈天说地，亲密得无任何距离。她的才情，她的广博的见闻，与理智高远的胸怀，却又让人觉得是无法企及的遥远。

在家国两昌时，林徽因优雅得体，是文化沙龙上高谈阔论、口吐莲花的女主人，是诗人笔下绝美的风景；而当时运不济、落魄潦倒时，她可以挎着提篮上街买菜，挽起袖子下厨房照顾全家老小，与寻常妇女并无二致。这样能将风花雪月与柴米油盐融为一体的女子，实属难得。

她是美人，又是才女，但她既没有像那些美人一般不食人间烟火，也没有像才女一般清高得让人难以捕捉。她富有亲和力的笑容，融化了诸多文人墨客的心，是众人热烈追捧的对象。她耐得住学术的清冷和寂寞，又经受住了生活的艰辛和穷困，穷乡僻壤、荒寺古庙中不顾重病、不惮艰辛与梁思成考察古建筑。早年名门出身，经历繁华，被众人围着羡慕的是她，战争期间繁华落尽困居李庄，亲自提了瓶子上街打酱油买醋的还是她，这样一个既能在风花雪月中体验浪漫，又能于柴米油盐中感悟幸福的女人，着实难得。

林徽因本身就是一首美妙的抒情诗，她的曼妙多姿，她的云淡风轻激发了大诗人的情韵，亦让她在康桥边经历了一场如梦如幻的爱情。

徐志摩说："我想，我以后要做诗人了。徽因，你知道吗？我查过我们家的家谱，从永乐以来，我们家里，没有谁写过一行可供传颂的诗句。我父亲送我出洋留学，是要我将来进入金融界的。徽因，我的最高理想，是想做一个中国的汉密尔顿。可是现在做不成了，和你在一起的时候，我总是想写诗。"

"有一天下起了倾盆大雨，你去温源宁的校舍约他到桥上看虹去，有过这样的事吗？"林徽因这样问他。徐志摩点了点头。

"你在桥上等了多久，看到虹了吗？"她问。

"看到了。"

"你怎么知道一定会有虹？"

"呵！那完全是诗意的信仰。"

这段饱含诗情的对话简直浪漫极了，完全是在浪漫国度的倾情流露。

然而，聪慧的她何尝不明白，人的一生终究不可能永远地在梦境中游历，风花雪月终究抵不过一粥一饭。因此她说："道德不是枷锁，而是对生命负责的态度。我不是没有来，只是无缘留下。"

这可以理解为她对那段浪漫故事留下的一个浪漫式的收尾。

她并不是不懂浪漫，也并不是不够浪漫，只是她更懂得浪漫与现实之间的关系，更懂得如何维护浪漫与现实之间的距离，保证自己不会越界，不会被浪漫"绑架"。

显然，对林徽因而言，浪漫，适可而止，不必做得淋漓尽致。

于是，她选择了能让她活在现实中的梁思成，她向来是个理性的女人，徐志摩有家庭和子女，有万千的仰慕者，他的爱太过浮华，总归少了些现实的沉淀，这样的爱是经不起任何现实风浪的袭击的。爱情开始是浪漫的，但终究还是归于平淡，当激情随时间退化成柴米油盐酱醋茶的时候，爱情很难再泛起涟漪的浪花。有些人，是用来一起经历一段岁月的，有些人，是用来念起和遗忘的，有些人却是用来陪伴和相守一生的。

对此，曾有人如此评价林徽因的选择：她选择了一栋稳固的房子，而没有选择一首颠簸的诗。与徐志摩在一起享受了风花雪月的浪漫，又与梁思成在一起，体悟到了志同道合的默契。她似乎很早就明白，风花雪月的浪漫固然是美丽的，但终究是镜中花、水中月，徐志摩带给她的只是潮湿的雨季，新月朦胧的夜晚。而梁思成给她的却是心灵的畅快与灵魂的默契，生命的共振，柴米油盐的安稳和踏实。一个女人能同时享受浪漫与现实，这样的人生可谓无遗憾。

可以说林徽因一生都在追求风花雪月的情致，浪漫更是其内在的一种特质。在徐志摩死后，她曾说："理想的我老是希望着生活有点浪漫发生。或是有个人叩下门走进来坐在我对面同我谈话，或是同我坐在楼上炉边给我讲故事，最要紧的还是有个人要来爱我。我做着所有女孩做的梦。"她做着浪漫的梦，但她却很清醒。面对诗人的爱，她很明白：自己只是诗人想象中完美的女神。她也是人，任她红颜如花，也终有人老珠黄的一天；任她才高过人，也终会生老病死。当恋爱的风花雪月转变为婚姻生活的柴米油盐，徐志摩是否还会像当初一般爱她，宠她？

她很怀疑，也不想用一生去赌这个答案。但她嫁给梁思成，却是从现实的角度考虑的，因为他不善言谈，亦不是浪漫主义者，有的只是让人踏实的成熟和稳重，相对于徐志摩来说，林徽因无疑是聪慧的。她的聪慧，在于她总能在人生最为关键的时候，清醒理智，懂得选择。

对于女人来说，风花雪月带给我们的是唯美、纯情，风月无边的想象和意境，是那种不浸染任何世俗的高与远，拥有这种情怀的女子是富有诗意的，也是招人喜爱和爱恋的。在年轻的时候，经历一场风花雪月的爱情，写一段醉心的文字或诗歌，在以后久远的岁月中，在平淡如水的生活中，不经意间勾起自己无限的臆想，让人陶醉与痴恋，便是人生一个极大的乐趣。

一个女人为柴米油盐而奔波，那是最基本的生活条件的必须，是存活的基础。可以说，柴米油盐是基础和保证，而风花雪月却是属于高层次的追求和憧憬，是在柴米油盐得到了充分保证前提下的精神升华。一个女人只有经过柴米油盐生活的打磨，才更能体会风花雪月中的绵绵情致的美好。就如林徽因一般，她嫁给梁思成后，在时运不济的日子里，她一样地与妇人一般过寻常日子，打理家务，做饭缝衣。在昆明街头，她曾提了瓶子打酱油买醋，亦曾在灯光下为儿女缝制衣服。同时，她还挽起袖子下厨房，为一家人张罗饭菜。她曾告诉沈从文说："我是女人，当然立刻变成纯净的糟糠。"经历了柴米油盐的打磨，才让她以更为乐观的心态去面对生活中的所有不幸和晦运。

在东北的时候,当时时局混乱,但却不影响林徽因发挥浪漫的特质。她说:"当时东北时局不太稳定,各派势力争夺地盘。一到晚上经常有土匪出现(当地人称为胡子),他们多半从北部牧区下来。这种时候我们都不敢开灯,听着他们的马队在屋外奔驰而过,那气氛真是紧张。有时我们隔着窗子往外偷看,月光下胡子们骑着骏马,披着红色的斗篷,奔驰而过,倒也十分罗曼蒂克。"能够把土匪的马队形容成"罗曼蒂克",恐怕也只有林徽因能做得出来吧。

在我们常规的意识里,浪漫与世俗是一对反义词,一个浪漫女人的眼睛里一般容不下世俗的人与事,而在世俗女人的生活里又难以上演浪漫。

女人世界里的浪漫,并不一定全是风花雪月,也不全是烛光晚餐、鲜花玫瑰,而在于生活中的一点惊喜,一点风情,一点关怀,甚至一个会心的微笑。或者,在一个美丽的夜晚,为自己点燃一盏小桔灯或一支蜡烛,静静地坐在沙发上细细地品着香茗,慢慢回忆过去的风华。或者静静地观赏一部韩剧,流几滴入情的眼泪。自己的故事,别人的故事,真实的故事,虚构的故事,都无所谓了,只是沉浸于那份浪漫里,享受那浪漫的片刻时光,仅此而已。

我们还可以选一个有纪念意义的夜晚和心爱的人一起站在阳台上看星星,因为我们知道,爱是浪漫的,而心是浪漫的终点,一段音乐,一枝玫瑰,一杯枷啡,一个香吻,就能满足我们对浪漫的渴求。我们不必奢求太多,因为浪漫本身是简单的。

在丈夫或孩子生日时，我们在餐桌的水晶花瓶里插上一把鲜花，或亲手烹饪出一桌色香味俱全的饭菜，然后静静地看着他们大口小口地吃完，互相笑着的瞬间就是我们最大的浪漫。我们也可以想象，到老了的时候，挽着老伴儿的胳膊，在广场上跳舞，在小区的小道上散步，坐在小亭子里一起回首往事，也或者两个人只是静静地坐着，相视而笑，浪漫之情油然而生。

我们可以像林徽因那样，把浪漫融入到世俗里，没有全然的浪漫，也没有绝对的世俗。不用太刻意，只需要一颗细腻而柔和的内心，只需要心中充满爱，只需要全身心地投入到生活里，用心体验生活的细节与方方面面。

风花雪月从来就是用来想象的，而柴米油盐一直都为人所拥有的！女人要明白，真正的浪漫是爱到最深处时情感的自然流露。生病时的那份焦急，跌跤时的紧张兮兮，天冷时那一件要添的衣，相牵时那一种疼爱的语气，淡淡然，却充满着情意。浪漫到了极致，就是在平淡中表达真爱和关怀，就是用不经意的点滴彰显对方就是你的唯一。不需要蜡烛，不需要熏香，只要彼此一个凝视的眼神，一个会心的微笑，一次不舍的拥抱，一声轻喃低唤，爱就在平淡而久长的浪漫里冶炼成金。

2.善待那些爱你的人

爱上一个人是一种感觉，而忘记一个人也许需要一生的时间。所以，善待爱你的人吧，不要让他在岁月的风雨中独行，在寂寞的夜里对月难眠，在生命的天空失去色彩……

我们生活在物质繁华的时代里，人和人的不同，对于感情方面的立场、观点、做法都不同；个人环境、背景、现况的不同，做法也不同。有时候我们不能时时做到最好，但我们可以努力去做最好的！

世界上女人很多，美丽的，温柔的，聪明的，可爱的……每个人的一生都要经历爱和被爱。在这两种浓烈的感情中，女人更容易热烈地绽放自己。大多数女人都愿意享受"被爱"时的感觉，这种感觉让女人自信，会使女人的心情莫名其妙地变好；女人在这种情感氛围中，能感受到被重视、被期待……

很多女人都会处于一种自己最不想进入的尴尬状态：自己死心塌地爱着的男人，却偏偏对另一个女人满怀期待；而后肯定会有至少一个愿意为自己默默付出、痴痴等候的男人。浓烈的感情，本应该是一件极其美妙的事情，可是最后的结局却都是唱着伤感的歌曲，独自守着仅有的那一点点回忆。所以，为了让自己以后的回忆不要太过苦涩，女人啊，一定要善待那些爱我们的人。

作为民国时最令人瞩目的女人之一，林徽因大抵是没有出现过这种我爱你你却爱着她的窘状，她永远都是最受欢迎的。她的幸福在于，她所爱的，大都是爱她的，而且他们在爱她时都是坦坦荡荡，所以令她倍感珍惜，即使自己不爱，即使不能爱，也懂得珍惜这份难得的情缘，也会善待那些爱她的人。

初遇徐志摩时，她还懵懂，对爱情一知半解，这个男人那样热烈地爱着她，惊坏了这个天真的孩子。收到对方热情如火的情书时，林徽因不知所措，连回信都不敢，父亲替她代笔，委婉地拒绝了这段错缘。之后她更是随着父亲远遁千里，从英国到国内。没有指责，没有愤慨，也许是有着女孩淡淡的欣喜和骄傲，她对他一直保持着兄长的尊重，这使他们在以后的岁月里能在一个安全的距离里相互凝视、彼此珍惜。

金岳霖，那个据说爱了她一辈子的男人，相见时她已为人妇，有着美满的家庭、爱自己且自己爱着的丈夫。这个男人的感情永远是温婉如玉的，他那样静静地驻守着她，宛如她是这个世界上最珍贵的奇珍。他们是知己，总能接上对方的思绪，好像本是一体，竟然如此默契。但她保持着自己的最高理智，妥善地处理着自己有点纷乱的感情，对他，对丈夫，都保持着她最大的尊重。

也许是由于她得到的爱太多，当时或是之后的岁月里都不乏贬斥她的声音出现，不屑也罢，嫉妒也罢，她从来不曾在乎过，她只知道，要善待爱自己的人。后人想起她来，发现她竟然是令人难以想象的完美，很少有人能在这些错综复杂的感情中滤清自己，但她却能把这世界上最难处理的感情处理得如此滴水不漏。

然而，这世上会有很多女人坐在一起，或炫耀或轻视地说出令她们不屑的男人对她们的示爱；然后她们会哈哈大笑，笑得极其的夸张和讽刺。爱是平等的，从来没有高低贵贱之分，爱你的人可能其貌不扬，可能身无分文，可能木讷至极，甚至是臭名远扬……你可以瞧不起他，但你不能轻视这份爱，不管你接不接受。不论是男人还是女人，在心里，脆弱程度其实都差不多，只是坚强的程度不一样罢了。所以，为了自己的心，请善待爱你的人。

女人是天生就需要爱的动物。许多女人不能选择自己最爱的人，就会自然而然地选择最爱她的人。她就要演给她心里的他看，骗过了她心里的他，也骗过了把她放在心里的他。这种欺骗，令三个人的感情支离破碎，爱她的那个男人信以为真，以为自己"守得云开见月明"，把自己的所有感情全部释放出来；只是女人的眼神仍是没有热度，让男人以为是自己没有做到最好；为了她，他可以改变自己的一切……对于这一切，女人心中的那个他真心地祝福他们。这一刻，女人才明白她的"他"是真的不爱她，这令她泪如雨下、心胆俱裂，再无心演戏。于是，她对着那个爱自己的男人说："我从未爱过你，我们分手吧！"男人沉默良久，说："好！只要你感到幸福！"女人毫无留恋地转身离去。男人追上去问出自己一直想问的话："你真的没有一点点爱过我吗？""对不起！"一句简单的"对不起"，怎样愈合内心的伤？如果说，从一开始便拒绝一个男人，让他没有期待、一直悲哀，那是女人的性格；可是，这样若即若离，没有一个成形的理由和目的去伤害一份真挚的感情，这便是人格问题。

女人，一定要学会善待爱自己的人，这也是对自己的一种爱。

不论你们能否走到一起，爱你的人可能不是你最关注的人，但他最关注的人肯定不是你；不论你们是否还会联系，爱你的人肯定不是你最惦念的人，或者你早已把他遗忘，但他最惦念的人一定是你。当然，你或许收不到他的信息；因为他不想去惊扰你，只会把一切祝福放在心底，默默传递。直到某一天，你们擦肩而过，你才把他想起；直到你守着你自己的幸福，逐渐老去……所以，一定要善待那些爱我们的人。

所以，女人请一定要善待爱你的人！因为他们那样不求回报地为你付出青春，用灵魂呵护你的伤痕，甚至为了你放下了男人的自尊，请善待他们，不要辜负爱。

3.经得起繁华归得起平静

一个人守得住人生的繁华，却又能甘心归于平淡生活的女子，是最让人佩服的。不可否认，林徽因是个淡然的女子，在任何情况下，都能坚守"自我本色"，不矫揉，不造作，在繁华里能放下身段，回归真实，与人为善，清醒且理智地活着。在平淡中又能委曲求全，坚持自我追求，永不放弃，成就人生的辉煌。

林徽因是一个出身于官僚知识分子家庭的大家闺秀。梁从诫说："我的外祖父林长民（宗孟）出身仕宦之家，几个姊妹也都能诗文，善书法。外祖父曾留学日本，英文也很好，在当时也是一位新派人物。"她有着不凡的家庭背景,嫁的丈夫也是名流之子,所以说她是一个从繁华中走出来的女子。

在1924年4月23日泰戈尔访华之际,当时的上流社会惊叹她是"人艳如花"。她20岁就以才貌双全闻名于当时的北京上层文化圈,仅仅用业余时间便创作出了极具专业水准的文学作品,在京派作家圈中拥有不可替代的一席之地。

她是中华人民共和国国徽和人民英雄纪念碑的主要设计者之一,她把自己置身于男性主流社会中,并获得了至高的殊荣与赞叹。她24岁被聘为东北大学建筑学教授,45岁时被清华大学聘为一级教授,在自己的专业上取得了卓越的成就。

这是一个集万千繁华于一身的奇女子。她在"太太的客厅"里也是出尽了风头的,她似乎是为繁华而生,又为繁华而存在的,总是一个群体的中心人物。

像林徽因这样的"万人迷",大概不能承受过于平淡的生活,但她确实能够过平淡的日子。

在避难期间,她和梁思成住在只有几十户人家的小村子,所租住的农舍很简陋,外面下大雨,里面就下小雨,是老鼠和蛇经常光顾的地方,甚至连吃水用水都要到村外的水塘去挑。据说林徽因第一样买回的物品是一口近一米高的陶制大水缸,用来储存挑进屋里的日常用水。到了晚上,只能靠菜油灯照明。

他们在一只三条腿的火盆上支一口锅,在锅里做饭。用煤灰和泥做成的煤球就是他们做饭的燃料。他们必须天天外出去买食物,因为那里没有任何冷藏设备,走的是土路,天气干燥的时候,路上尘土飞扬,下雨天则满是泥泞。

那个地方,没有布,没有电话,没有交通工具。这位名门闺秀，从繁华生活里走出来的留洋才女，在那一段时间里，似乎变成了一个男人。甚至她自己要爬上房顶修葺他们的住所，她俨然成了一个地地道道的农村妇人。

李健吾曾在《林徽因》一文中说："我最初听到他们的信息，是有人看见林徽因在昆明的街头提了瓶子打油买醋。"然而那个时候比起在昆明时，则是差了不知多少倍。

由于梁思成车祸受伤的后遗症不时发作，是不能干体力活儿的，于是操持家务的重担就落到了林徽因身上。而林徽因并不是擅长所有的活儿，她在给费慰梅的信中说："每当我做些家务活儿时，我总觉得太可惜了，觉得我是在冷落了一些素昧平生但更有意思、更为重要的人们。于是，我赶快干完了手边的活儿，以便去同他们'谈心'。倘若家务活儿老干不完，并且一桩桩地不断添新的，我就会烦躁起来。"

这样的生活何止是平淡，简直是困苦交加，时刻都在考验着她的忍耐极限。

是的，人生聚散无常，起落不定，或许今天繁华万千，明天平淡就会降临，如果只经得起繁华，却归不起平淡，那恐怕意味着将会有无尽的痛苦与挣扎来到你身边。

有位长老说："我们今生这几十年时间，各种人我是非，贡高我慢，无明烦恼，家庭纠纷等等，这一切的一切，都钻到我们的脑子里，挤得满满的。既然装得满满的，要再装什么，就装不进去了。"倘若我们的心附着在金钱、名位、幸福等繁华意象上，我们还怎能容得下平淡？

如果林徽因放不下繁华，放不下身段，恐怕她早就被那段痛苦的日子打倒了，又怎会拥有后来的辉煌？

一位饱经沧桑的哲学家说过这样一句话："年少的时候，总觉得人生应该像大海一样波澜壮阔才不枉走一生。但经过几十年的风风雨雨之后，才恍然大悟：人生中精彩的事占5%，痛苦的事也占5%，剩余的90%全部都是平淡。只可惜，人们往往会为了那5%的精彩而整日劳累奔波，为了那5%的痛苦而不停地怨天尤人，却忘记了在90%的平淡中享受生命的快乐与幸福。"由此可见，平淡才是人生的主题，而一个人只有经得住人生5%的繁华处的尊贵，才能在90%的平淡中享受真实的快乐与幸福。

如今这个眼花缭乱的社会，女人极容易陷入诱惑和迷茫中。其实，人越是在繁华中，越是要保持清醒和理智，这样才能守得住，才能享受到人生的精彩。

其实，人生所有的繁华终究只是过眼云烟，无论我们如何不舍，那些被万千人追捧和簇拥的日子与身影终究会成为永久的过去。我们唯有经得起繁华，待烟花散去，再以平常心回归平淡，并懂得在平淡中体味幸福，我们的人生才精彩。

对于每个人来说，繁华的日子总归是短暂的，人生更多的是平淡的日子。当繁华来了，我们不骄；当繁华褪去，我们又不躁，始终以一颗平淡的心去面对世间万物，得意时不忘形，失意时却不过于悲观，如此我们才能领略到繁华处的精彩，亦才能在平淡中体会生活的真实美丽。

守得住繁华的尊贵，受得了流年的平淡，并不是一种消极的处世思想，是阅尽沧桑后的醒悟，是了然于胸的大度，是不以物喜、不以己悲的超脱。做这样的女人，便可以脱离心中的一切不甘，获得无比洒脱的人生！

做个"经得起繁华，归得起平淡"的女人，始终有颗平淡而细腻的心，才能在平平淡淡的日子里享受一份宁静的美丽。我们需明白，平淡永远是生活的真味，所以我们当知足，返璞归真，享受平淡的生活，因为快乐也正是来自心灵的宁静与充实，来源于繁华过后的平淡。

4.不抱怨命运的不公

生活不会辜负认真对待它的每一个人。只要坚持不懈地努力，就算他无法实现最初的梦想，但生活同样会给他一个额外奖赏。实际上，我们要做的只是停止抱怨，适当修正自己的目标，并且加倍努力地去行动。

比尔·盖茨说过："人生是不公平的，习惯去接受它吧。请记住，永远都不要抱怨！"生活不可能绝对公平，每个人来到世上，都会和别人有所不同，比如出身背景、家庭关系等，这种"不公"是我们从出生开始就必须接受的。

其实，怨天尤人、不肯正视现实的人们，总是站在自我的角度上思考问题，所以总觉得这个世界不公平。但对于那些努力拼搏的人来说，"不公"的存在只能决定他的起点，却不能决定他的终点。

狮妈妈的孩子被一个猎人给捉走了，不幸的它愤怒咆哮，整个丛林中的动物都吓得战战兢兢。

夜又黑又静，在这里，妖魔仿佛都在施展各种法术。狮妈妈的一声声哭嚎，使得每一只动物都不能安然入睡。最后母熊实在忍不住了，开口对它说："我的好大妈，我只想问问您，那些所有到了您口里的孩子，它们难道就没有爹妈，是从石头缝里蹦出来的吗？"

"它们有啊！"

"假如如此的话，它们中的任何一位死去后，也没见谁的爹娘为孩子的死闹得大家头昏脑涨。既然这么多的母亲都能忍气吞声，狮妈您就不能少哭闹一点吗？"

"哦？我惨遭如此不幸，要我完全不作声？我失去我的儿子后，我的晚年将是多么的痛苦和孤独啊！"

"请您告诉我，谁让您遭受如此之不幸啊？"

"这是仇视我的命运女神和我故意作对，是它们成心想与我过不去……"狮妈妈仍不停地抱怨着。

狮子妈妈失去了自己的孩子，不停地抱怨命运对它不公，令周围的动物深感厌恶。试想一下：未来的某天，它在丛林中捕捉到鲜美的猎物，那一刻的它是否又会感谢命运对它的垂青呢？这则寓言故事告诫女人：人之所以常常抱怨命运不公，是因为对自己的处境总是抱着一种悲观的态度，而不会用乐观和快活的心去面对生活。

林徽因从名门闺秀沦落到四处逃亡，从衣食无忧到为了一点积蓄仔细算计，她是不是可以抱怨自己遭遇的种种不公呢？他们当时生活的艰难又岂是现在生活在太平盛世的我们能够想象得到的？

1937年10月，长沙是连绵的阴雨天气。林徽因闹肚子，她歪在床上，身上搭着被子，屋子里散发出霉湿的味道。梁思成和林徽因商量着动迁昆明的事。两个孩子在门口接雨水玩儿，在这阴郁的日子里，他们清亮的笑声是唯一的亮色。

走，还是不走？林徽因在考虑。但如果要去昆明，必须尽快走。再不走，等天气冷下来，一路上翻山越岭、下雨落雪会有许多困难。可是如果要走，除去路上的花销，一家人到昆明，手头就只能剩下300来块钱了，他们没有收入，身上的这一点点钱，等到了那偏远的西南，这一家老老小小该如何是好呢？

商量一番后，梁思成、林徽因便决定，还是先过几天看看情况再说。梁思成打算与中美庚子赔款基金会联系上，看是否能为营造学社申请到研究基金。

第二天，天放晴了，林徽因把发潮的棉被和衣物一一晾晒出去，然后坐在廊上的破藤椅上，眯着眼睛享受着这难得的阳光，有一搭没一搭地和屋里的梁思成说着话。

突然，空中响起巨大的轰鸣，是战斗机飞过的声音。

"是中国的飞机吗？"梁思成跑出来问林徽因，因为事先他们并没有听到空袭警报。

震耳欲聋的爆炸声响起，还夹杂着炮弹穿越空气的尖利呼哨。

是日机的轰炸！

来不及多想，完全是出于本能，林徽因、梁思成一人抱起一个孩子拉着外婆就往楼下跑。还没跑出院子，一颗炸弹就在他们附近爆炸了，房子顿时四分五裂，林徽因抱着儿子被气浪拋了起来，但幸运的是自己和孩子居然都没有受伤。房屋开始轧轧乱响，门窗玻璃、隔扇、屋顶、天花板，全都坍塌下来。危急关头，容不得人想太多，林徽因、梁思成飞快地冲出院子，跑到混乱的街头。

他们希望能跑到临时大学避难。但是眼看飞机一阵俯冲下来，林徽因、梁思成绝望地停下了脚步，一家人紧紧地依偎在一起。反正人腿跑不过飞机，索性全家人死在一起吧！

爆炸声又起，居然是他们刚才准备跑过去的临时大学校园。

他们的住所已成了一堆废墟。死亡，原来距离他们那么近。

硝烟散去，惊魂稍定，从废墟中扒出了他们所剩无几的家当，当晚只好到朋友家去借宿。

张奚若租住的地方有两间房子，为林徽因、梁思成一家腾出来一间，自己一家五口挤在另一间里。

生活甚至容不得林徽因抱怨什么，命都差点没了，能活下来，已是万幸，一家人都还在，真的是不幸中的大幸。被环境所逼，一位千金小姐跋涉千里，她没有抱怨什么；被生活所迫，一位新时代知识女性却不得不整天忙于家务，她也没有抱怨什么，只是向闺蜜自嘲一番。其实，爱抱怨的人都有一个共同的特点，就是认为自己应该顺风顺水，天经地义地去享受美好生活，而且，根本不需要付出太多的努力，或者认为自己付出一点努力就应该有所收获，一旦得不到预期的回报，他们就变得怨天尤人，仿佛自己是最不幸、被生活抛弃的那一群人。

这时，抱怨就成了他们一种逃避现实的隐蔽工具。越是这种时候，我们越要学会接受现实，适应现实。要鼓起勇气，把一切

"不公"甩在身后，努力去创造不一样的生活。只有那些缺少自信、没有安全感、质疑自己的重要性、不确定自我价值的人，才喜欢用抱怨来逃避现实。

人生是一张单程车票，所有走过的、经历过的都已经成为既定的事实和历史。如果这些事实是美好的，人们都愿意快乐地接受；如果这些事实是残缺的，不幸的，甚至还带着伤害、眼泪，人们就会从心里排斥它们，陷入懊悔、自责、失望的深渊中。然而，无论你是主动接受还是被动接受，这就是生活的真实面目，谁也无力更改。

有则成语叫做"木已成舟"，听到这个词，多少会让人感到有些无奈，但是一块木头既然已经成舟，就意味着它"放弃"了其他所有可能的命运，它只能以舟的形式存在世上，就算不喜欢，甚至厌恶，也无济于事。面对那些"木已成舟"的事实，再多的抱怨也枉然，我们能做的就是接受生活的现实。

冰冰和姗姗都是某房地产公司的内勤职员，受金融危机的影响，公司决定裁员，她们都没能逃脱这一厄运。公司规定，她们要在一个月之后离岗，听到这个消息时，她们的眼圈都红了。

第二天早上，冰冰的情绪仍然很激动，同事和她打招呼，她爱搭不理的样子，说话也总是"带刺"，她不敢直接找老板去发泄，只能向办公室主任与同事发牢骚："我做错了什么？凭什么把我裁掉……""这对我不公平。"她声泪俱下的样子，惹得周围的人心生同情，但无论大家怎么劝慰她，也没有用。她一天下来，只顾着到处伸冤诉苦，连自己的本职工作都忘了，传送文件、收发邮件，甚至把订餐都耽误了。冰冰过去在公司是个很有人缘的女人，可现在她整天愤愤不平的，同事们不再像以前那样喜欢和她接触了，甚至有点讨厌她。

姗姗在看到裁员名单后，回家哭了一个晚上，但是她第二天上班的时候和以往没有什么区别。同事不好意思再吩咐她做什么，但她却主动揽活，面对大家同情而惋惜的目光，她总是淡然一笑，说自己想站好最后一班岗。每天上班期间，她仍旧很勤快，随叫随到，力求做好自己分内的事。

一个月的时间很快就到了，冰冰如期下岗，而姗姗却被从裁员名单中删除了。有人在办公室里向所有同事传达了老总的话："王姗姗的岗位，谁也无可替代！像她这样的员工，公司永远都不嫌多！"

上帝在你面前把一颗石子扔进乱石堆，你很难再找到它；如果他把一块金子以同样的方式扔进乱石堆，你很快就可以将它捡起。所以，当你还是一颗石子的时候千万不要抱怨命运不公，要学会在平凡的生活中磨砺自己的意志和品格，努力把自己打磨成一块闪闪发光的金子，无论什么时候，什么人都无法掩住你灿烂夺目的光辉。

女人在面临困境的时候，不要抱怨命运，因为抱怨会让你的内心痛苦不堪，而且在怨天尤人的情绪中，事情也只能越变越糟，甚至错过了解决问题的机会。面对不幸和挫折，要学会不断地捕捉生存智慧，承受苦难，直面打击，这样才能够在挫折中成长起来，把握自己的命运。

5.在感性与理性之间优雅地穿越

林徽因是感性和理性的完美化身，古今中外，没有哪个女子能像她一般，能恰到好处地把握住感性和理性的"度"，在事业和情感中优雅地穿越，不受一丝伤害和不留一丝遗憾地完成了完美人生的一次次的华丽转身。

她顺风顺水地出国留学，经历了一场浪漫感性的爱情，最终又理性转身，回归现实，结婚生子，过平常日子。在大学授课时，她的感性的风采令诸多学生为之着迷、倾倒。但是她却用理性，一转身扎进建筑世界里，开始了锲而不舍地钻研。当她在建筑方面取得了不凡的成就时，当人们惊叹她的理性的智慧时，她却又以纤纤玉手，用富有浪漫色彩的悟性与感性，写下了富有灵性的语句，在当代文学史上留下了浓墨重彩的一笔。当人们因一首《你是人间的四月天》深深折服于她的浪漫的才情时，她却又以严谨务实的秉性与理性的才思，完成了《论中国建筑之几个特征》等著作，成就了她的建筑家的卓越。

同时，在感情中，她亦能用感性召来了美好的爱情，同时亦能用理性选择了值得依靠终身且与自己有着共同志向的丈夫。在长久的岁月中，她不仅极好地处理了与丈夫之间的关系，又以理智的自制能力，将其与爱慕者之间的距离拿捏得恰到好处。

林徽因的少女时代与徐志摩有过一段真挚的情谊，年方十六岁的她，远渡重洋，遇到一个风度翩翩的才子，如果说一点不动心，可能也不太现实。徐志摩也肯定给林徽因带来了一段快乐的时光，而徐志摩对林徽因的爱也是真切的，如若不然，他也不会为了得到林的允诺，硬逼怀了孕的发妻离婚，并且在报上刊登离婚通告，成了中国离婚第一人。如此高调地离婚，自然是给林徽因一个明确的表态，促使她下决心走进他的生活。

作为一介女子，又是豆蔻年华，当然有着感性的萌动，但后来理性占据了上风，后来，林徽因曾对自己的儿女说："徐志摩当初爱的并不是真正的我，而是他用诗人的浪漫情绪想象出来的林徽因，而事实上我并不是那样的人。"可见，林徽因当时对来自徐的爱已然有了清醒的判断。

事实不光如此，徐志摩已经结婚不说，当时门当户对的梁林两家之前就有婚约在先。除此之外，林徽因在英国已决定学习建筑学，并且她一生中确实一直把建筑学当作自己的主打事业在做，大诗人徐志摩不大可能为她去学建筑学，而梁思成则很爽快地答应了她。

林徽因在诗中说："我是天空里的一片云/偶尔投影在你的波心/你不必讶异/更无须欢喜/在转瞬间消灭了踪影/你我相逢在黑夜的海上/你有你的/我有我的方向/你记得也好/最好你忘掉/在这交会时互放的光芒。""你有你的，我有我的方向"，在关键时刻，林徽因的理性战胜了感性，作为女人，能做到这一点确实相当不容易。

林徽因的理智简直是出类拔萃的，她与梁思成不仅有良好的感情基础，又志趣相投，徐的爱热烈狂放，有着瀑布般的豪情，梁的爱却如涓涓细流，舒缓而悠长。一个是瞬间的精彩，一个是永久的相守，她做出了理性的判断，从而成就了感情生活与事业的平衡。

林徽因与梁思成看似四平八稳的生活并未平静，一个痴情的金岳霖又闯进了他们的世界，这对她又是一个莫大的考验。她的感性使她无可救药地被金岳霖吸引，又为他而深深陷入痛苦，甚至不能自拔，而她的理性又让她和他保持着足够的距离，一直都没有行为上的"犯错"。

林徽因把自己的真实感受告诉了丈夫，在这一点上，她是理性的，也是感性的。理性的是她在心理上没有私设感情的"橱窗"，感性的是她像小女孩一样向爱人坦露心扉。所以她获得了金岳霖对她的倍加呵护和梁思成的终生相伴。三人间彼此信任有加，甚至夫妻二人吵架时，她也是找理性冷静的金岳霖充当说客。

左手理性，右手感性，不偏不倚，这是一个女人的智慧。

有人说，如果林徽因更感性一些，或许她就成了陆小曼，同时还可能仅仅是一个卓越的诗人和作家，如果她更理性一些，可能她仅仅会成为一个建筑学家，而她的诗作与那些闻名于世的爱情故事可能就不会发生在她身上了。

行走在理性和感性之间，这成就了林徽因一生的传奇。

能够将建筑学家的求实精神和文人的浪漫气质糅合得浑然一体，在古今中外的历史上，恐怕是不多见的。林徽因将文学与建筑学融合得十分完美，她在《深笑》一诗中写道："是谁笑成这百层塔高耸，让不知名鸟雀来盘旋？是谁笑成这万千个风铃的转动，从每一层琉璃的檐边摇上？"此诗将古塔、檐边等建筑元素融入了诗作中，别致、新颖而充斥着灵动的韵味，采用感性的笔法将富有理性色彩的建筑元素融入了作品。

林徽因在《平郊建筑杂录》中说:"无论哪一座巍峨的古城楼,或一角倾颓的殿基的灵魂里,都在诉说,乃至于歌唱。时间上漫不可信的变化,由温雅的儿女佳话,到流血成渠的杀戮……眼睛在接触人的智力和生活所产生的一个结构,在光影恰恰可人中,和谐的轮廓,披着风霜所赐。"建筑是凝固的音乐,她能把枯燥的学术论文写成活灵活现的美文,赋予那些木石结构以灵性,用理性的思想奏出了感性的韵律。

林徽因在《你是人间四月天》中写道:"我说你是人间的四月天;笑音点亮了四面风;轻灵在春的光艳中交舞着变。"这无疑是种感性的表达,这种感性就是一个女子真性情的体现。

她没有选择徐志摩,却给了他足够的关注与欣赏,她没有选择金岳霖,却给了他充裕的敬仰与尊重,她较好地把握着建筑与文学之间的尺度,感性十足,却从没有放弃理性。她将自己的理性散播于中国的15个省、200多个县,理性地实地勘测了2000多处古代遗存建筑和早期造像石窟。

能够兼顾到理性与感性的人生是美满的人生、和谐的人生,这些,林徽因做到了。

林徽因是感性的,她以秀美的姿态,伴着康桥的夜雾,落进了徐志摩的诗页之中。她又是理性的,在古雅的庙殿,低头认真地测量时,便又被绘入梁思成的图纸,成就了完美的事业,她又以理性战胜感性,与金岳霖保持着最纯真的关系,他们之间的情谊被赞为"人与人关系臻于最美最崇高的境界",从而收获了终生的幸福。古今中外,没有哪个女子能这样洒脱地在感性和理性之间优雅地穿越。

女人当如林徽因，要恰到好处地拿捏感性和理性的尺度。一位哲人说："男人不需要有深度的女人，只需要有弧度的女人。女人，如果不性感，就要感性；如果不感性，就要理性；如果不理性，就要有自知之明；如果一样都没有，那会很不幸。"作为一个女人，太过感性或太过理性都不能算作是完美的女人，但是女人在拥有感性的同时，在大是大非的问题上能保持理性，这样才是一个聪明和智慧的女人。

女人大都是感性的，因为女人都爱做梦，尤其愿意做爱情的美梦。这时候，女人最容易会让感性将理性淹没。于是，她们会将一切看淡，为感情付出所有。感性让女人变得可爱、撒娇、温柔、吃醋，这样的女人，很容易因为缺乏理性而失去理智，甚至失去自我。

当虚幻与缥缈的美梦破灭后，才明白是感性让自己受到了伤害，所以说，感性能将人带到美梦的氛围中，感性只会让人发现生活最表层的光彩，它最容易使人陶醉与麻木，最终也最容易让人受到伤害。所以，女人在感性之余，还是多一些理性为好。

何为理性？理性即能看清楚事态和物质的本质，是人对待一切事物时所处的理智、清醒、内涵、思想的成熟体现，有针对性地做出判断和决定的行为。就像林徽因一样，如果能在感性和理性之间优雅地穿越，既能理性也能感性，这样的女人才是最成熟、最完美的女人。

所以，作为女人，无论你多么的感性，千万不要将理性丢掉。无论感性让女人多么可爱、受欢迎，也不要忘了理性。因为理性可以让女人趋于成熟，理性可以让女人免受伤害。

在情感上能适时保持理性的女人，在任何时候，都懂得恰如其分。她们懂得自尊自爱，当爱来的时候小鸟依人，当爱走的时候，坦荡挥手，微笑离开。她们在任何时候，都会将女人的本色发挥得淋漓尽致，但当遇到大事时，却又能不动声色，安定从容。她们永远懂得自己该做什么、不该做什么，所以很少做错事，能抓住人生的机遇，握住属于自己的幸福。

可以说，理性的女人是聪明而睿智的，感性的女人是可爱而温顺的，如若能将理性与感性融于一身，互相弥补，在拥有一个冷静而智慧的头脑的同时，再兼具一份女人的天真和妩媚，便是一个完美的女人。

第九章

修炼微笑
——让心灵天空随之晴朗

林徽因在《新月诗选》上发表经典诗作——《笑》，与其说是一首诗，不如说是对她自己心理状态的一种描述，那是她自己纯美的笑，也是她对人生的笑。

1.爱笑的女人运气都不赖

微笑是女人最迷人的表情，时常将微笑挂在脸上的女人，才是幸福的女人。

据说，人在笑的时候，要使用13块面部肌肉，而在皱眉蹙额时，则要使用47块面部肌肉。正因为如此，所以谁都会觉得笑的时候快乐而且自然。

有这样一篇箴言："一个微笑不费分文但给予甚多，它使获得者富有，但并不使给予者贫穷。一个微笑只是瞬间，但有时对它的记忆却是永恒的。一个微笑为家庭带来愉悦，为同事带来友情。它也能为友谊传递信息，为疲乏者带来休憩，为沮丧者带来振奋，为悲哀者带来阳光，它是大自然中消除烦恼的灵丹妙药。然而，它却买不到，借不了，偷不去。因为在被拥有之前，它对任何人都毫无价值可言。有人已疲惫得再也无法给你一个微笑，那就请你将微笑赠予他们吧，因为没有一个人比无法给予别人微笑的人更需要一个微笑了。"

微笑着面对生活，微笑着走过四季的更迭，微笑着走过岁月的洗练，微笑着爱与恨，微笑着幸福与沉默，把微笑送给身边所有深爱你或者伤害过你的人，永远微笑着，微笑着面对生活，微笑着面对一切。

大笑如含风带沙，失了神秘；傻笑则毫无深蕴，让人看轻；冷笑仿佛冰霜，拒人千里；假笑表里不一，遭人鄙夷。而微笑则是女人的秘密武器，温暖如春风拂面，光亮如阳光普照。微笑能将人与人之间的距离拉到恰到好处，微笑是一种微妙奇特的舒适感觉。

古龙有一句妙语——笑得甜的女人，将来命运都不会太坏。确实如此，幸福的女人绝对不会拉长了脸度日，带着甜美微笑的女人，往往生活得都很快乐。

林徽因与徐志摩的心灵触碰，是在国际联盟的一次演讲会上。林徽因在《忆志摩》一文中说，她初次遇见徐，是在徐初次认识狄更生先生的那次会见中，之后徐很快便向她发起了爱的攻势。一个是已婚的青年男子，一个是情窦初开的妙龄女郎，前者如火般的用情，令林徽因感到惊慌失措。尽管徐志摩之妻张幼仪来到了伦敦，随他搬到距离剑桥六英里的沙士顿乡下居住，但这期间徐志摩并没有中断同林徽因的通信联系。张幼仪在《小脚与西服》一书中说："几年以后，我才从郭君那儿得知徐志摩之所以每天早上赶忙出去，的确是因为要和住在伦敦的女朋友联络。"

一切似乎应该按照惯有逻辑发展，然而林徽因却没有偏离她的生命路线。她向徐志摩摊了牌，说她马上就要随梁思成去美国留学了，不可能和他走到一起，他们必须"离别"。林徽因后来在给胡适的信中说："旧的志摩我现在真真透彻地明白了，但是过去了，现在不必重提了，我只求永远纪念着。"这是林徽因对人生的一种姿态。

面对徐志摩的热烈追求，林徽因或许是有感觉的，但她只是选择了笑看这段过往，并没有太当真。即便是到了美国，在她人生不如意的时候，也只是对胡适说："请你告诉志摩我这三年来寂寞受够了，失望也遇多了，现在倒能在寂寞和失望中得着自慰和满足。告诉他我绝对的不怪他，只有盼他原谅我从前的种种。"

一个女子，能够在寂寞中得到满足，这是怎样的一种笑看人生。女人若能在苦的时候，还"笑"得出来，也算是拥有莫大的勇气与魄力了。

1931年7月7日，徐志摩去探望林徽因，对着断墙上的残阳，对着断墙旁随风摇曳着的紫藤花，还有花的阵阵轻香，徐志摩凝神良久。下山之后，他在写给林徽因的信中说："我还牵记你家矮墙上的艳阳。"同年9月林徽因在《新月诗选》上发表经典诗作——《笑》，与其说是一首诗，不如说那是对她自己心理状态的一种描述，那是她自己纯美的笑，也是她对人生的笑，抑或是与徐的一种单纯的情感互动。

林徽因让这笑仅仅停留在某个精彩的瞬间，在两个独立个体的相同频率中静止，然后又让这笑富有光芒地发散开去，溅了这两个独立个体一身，仿佛是一种高度的默契。但对于林徽因而言，也只仅此而已，她的笑没有超出意识的樊篱，而在她的"笑意"下，诗人徐志摩的心也受到了感染，说她是"笑得好像花儿开了一朵"。

1931年11月19日，徐志摩在飞机飞行意外中逝世，对林徽因也造成了心灵上的冲击，诗歌创作一度中断。她在《悼志摩》一文中说："朋友们，我们失掉的不止是一个朋友，一个诗人，我们失掉的是一个极难得可爱的人格。"这个"可爱的人格"，或许是林徽因《深笑》中所呈现出的纯真及纯美。

林徽因把传奇的经历塑造了两个纯粹的人格世界，她的天生丽质及超人的才智变成了"可爱的梨涡"。她的纯美的笑，也变成了一种永恒，变成了一朵永不凋零的花。

林徽因笑的艺术为她带来了足够的尊重，让最在乎她的人十分敬重她。这一点，如果我们学会了，也会令在乎我们的人给予我们更多的理解、尊重与呵护，令他们自始至终都在乎我们。

幸福的女人，永远面带微笑，微笑发自内心，不卑不亢。而聪明的女人则学会让微笑装饰自己，无论遇到什么风浪，无论岁月如何流逝，微笑始终不变，心态永远年轻。相反，常常微笑的女人也会给自己带来幸福，微笑是生活中的一面镜子，你笑它便笑，你哭它便皱眉。

恋爱了7年的男友离她而去，她伤心欲绝，记忆里全是美好的画面，她恨不起来。

就在结婚前一个月，一场针锋相对的争吵后，她泪流满面，男友无奈叹息，摔门而去。而此时，她的枕下放着刚刚怀孕的医院证明，准备给他一个惊喜。

婚礼取消，母亲怕家丑外扬，发疯了一般逼她打掉这个孩子，否则就不许她踏进家门一步。伤心欲绝的她走投无路，可是毕竟是她的孩子，还是个无辜的小生命，她怎么忍心？但如果不顺从母亲，自己又无家可归，穷途末路。

她在纠结，在痛苦中挣扎，甚至有了轻生的念头，这痛苦的世界，还有幸福可言吗？

无意中路过博物馆门前，看到这样的标牌：本馆有监控摄像。人情冷暖，世态炎凉，她绝望地想，这冰冷的令人望而生畏的标语后面必定写着，否则罚款多少元！再一抬头，却得到出乎意料的答案,上面写着:本馆安有监控摄像,请保持微笑。

顿时一股暖流让她不由得停住脚步,这充满善意的忠告,透着人性中的善良与爱心。死亡很容易,活下去却很不容易。肚中有血有肉的生命那么无辜,身为母亲难道不应该给他最好的爱吗?可是生活逼人,绝境如何逢生?那么唯一的办法就是保持微笑,赶走阴霾,鼓足勇气,好好生活。跨过苦难,才有未来。

她试着笑了笑,发现自己轻生的念头太傻。

三年后,男友生意成功回到这里,在博物馆门口遇到她,她在微笑着逗儿子。见她不但没有消沉颓废,反而越发美丽动人,他尴尬地说:"我的离开好像对你的生活并没有太大影响,你还是那么美。"

她笑而不语,指指头顶上的标牌,欢快地去追儿子了。

人生有两种境界,一种是默而不语,一种是笑而不答。软弱的女人只会以泪洗面抒发自己的悲苦,坚强的女人却用微笑高傲倔强地活着。不是没有受过伤,不是没有失败过,而是不畏惧,不认命,不甘心被打败。幸福永远在那里,虽然遥远,却也并非没有尽头。你只需微笑着面对未来,安静地,淡然地,总有一天,幸福真的就会敲门。

沙拉斯特说,每个人都是自己命运的建筑师。雨果也说,阳光和鲜花在达观的微笑里,凄凉与痛苦在悲观的叹息中。微笑的女人,一定拥有让自己幸福的能力,微笑的女人,内心是充满感激的。她们明白,在心田里种上快乐,就会赶走忧伤。微笑的女人不会让阴霾密布,搏人同情,而是微笑相对,让人尊敬。

2.矜持是美，但率真更是可爱

为了不使自己受伤，只好把自己隐藏得很深很深，有时深到连我们身边的人也感受不到我们真实的存在，率真往往能让人看到自己最真实的一面，从而得到他人的认可，并对自己产生好感。在很多时候，少一些矜持，多一些率真，能换来诚挚的情感。

林徽因是矜持的，又是率真的，这让她成为很多男人心中美的化身，她的所有经历似乎都因之而被认为是经典中的经典。而率真无疑是她最可贵的品质之一，让她的美具有了钻石般的华彩与魔力。

矜持无疑是女人的一种美，但率真更是一种难得的可爱。

在1923年一次学生游行示威中，梁思成被军阀的汽车撞伤。林徽因每天都会去看望他，并坐在他的床前给他擦汗、扇扇子，还陪他一起读书。就是这样的动作让梁思成的母亲极为不满，因为当时二人尚未成亲，在今天再正常不过的事情，在彼时却明显有点"过火儿"，超出了那时道德观念与人文风俗习惯的承受范围。

梁母认为一个大姑娘家的，还没出阁，是不宜出现在伤卧在床又衣冠不整的未婚夫面前的，身为一个大家闺秀应该极为矜持、含羞回避才是，如此袒露情怀，成何体统呢？

然而这就是率真的林徽因，她丝毫不隐藏自己的真性情，她的这一点获得了老爷子梁启超的高度赞赏，他很骄傲地写信给大女儿梁思顺说："老夫眼力不错吧！"兴奋之情溢于言表，显然，在这个维新派眼中，林徽因的率真不仅仅是个性的流露，可能还会有"革命"的情操在里面，大抵会有些妇女解放的兆头。这个故事已将林徽因的率真展露无遗。

率真往往能让人看到自己最真实的一面，从而得到他人的认可，并对自己产生好感。

在和同事相处的时候，林徽因利用她的博学多才，经常把一些历史故事及趣闻雅事讲给大家听，不但让人听了使精神得到放松，也会有所收获和成长，大家都喜欢她。战时，林徽因曾在四川南溪县李庄镇上坝村避难，虽然生活很艰苦，但她同样把率真带到了那里，她总能很快地拉近与老乡们的距离，并让他们对她产生信任感。那些村姑和年轻媳妇，有什么悄悄话也总愿意和她一起分享。林徽因因此获得了极佳的人缘。

可见，在很多时候，少一些矜持，多一些率真，能换来诚挚的情感。率真总能给周围的人带来温暖，让不如意的人得到心灵的慰藉。

率真就像是春天，当寒冷逝去之后，留下的是嫩黄、温馨和活力。一个女人的率真会为她的生命增添更多的个人魅力，而一个率真的女子，会散发出与众不同的气质。

当林徽因在美国留学期间遇到情绪低落的时候，她会发一封电报给大洋彼岸的大诗人徐志摩，向他倾诉自己的孤单与苦闷，并且会在电报中说，只有他的话语才能让她真正感到安慰。徐志摩听闻此言，自然是欣喜若狂，总是立即丢下所有的事情，甚至熬夜写下含情脉脉的文字，并赶在第一时间冲到邮局，恨不得飞似的把信发到林徽因手中。

邮局的工作人员看到此景，也是吃惊地不知说什么才好，人家告诉大诗人，就在那一天，早在他之前，已经有好几个人给林徽因拍电报了。徐志摩更是感到不可思议，当他查阅名单后，发现在他前面给林发电报的，没有一个是他不认识的，后来才得知，所有人都收到了同样的来信，信上都是同样的内容。

林徽因的率真就是如此表露的，表露得如此真实，她似乎根本无法容许自己有哪怕是一点点的不愉快，这到了有点近乎自私的地步。或许，在当时的美国，那种难以排遣的孤独对于一个远离故土的女子来说，有着巨大的杀伤力，如果还固守矜持，她就要疯掉了。

同时复制好几封信，在同一个时间，发给不同的人，她可以收到不同人的慰藉，这一点她伤不了别人但却可以医好自己。抗战期间，林徽因曾在写给沈从文的一封信中说："我独自坐在一间顶大的书房里看雨，那是英国的不断的雨。我爸爸到瑞士国联开会去，我能在楼上嗅到顶下层厨房里炸牛腰子同洋咸肉。到晚上又是在顶大的饭厅里独自坐着，一个人吃饭，一面咬着手指头哭，闷到实在不能不哭！"这是她十六七岁在欧洲的生活画面。

对于一个富有才情的女子而言，郁闷是一种大敌，然而对常人来说，又何尝不是如此呢？我们好像一时一刻也离不开手机，不说远隔重洋，就是给我们半个小时的独立时间，恐怕也不知道做什么才好，若是多了矜持，少了率真，那也只有自己憋屈自己了，毕竟人是群居动物。

尤其是女人，过多的矜持，良久的忧郁不能排出，久而久之就会助长性格灰暗面的滋生，也会加速自己的衰老。而率真一点就很好，让自己保持非常好的心情，从而更好地面对生活，是值得称道的选项。

三毛说："我宁愿别人把我当作傻瓜，那么就不会有人和一个傻瓜计较了，所以女人往往还是笨一点的好，特别是该笨的时候。"是的，一个率真的女人，不会想太多，随性而为，看起来有那么点"笨"，反而可以得到更多的快乐；率真的女人容易知足，懂得控制欲望，让痛苦远离；率真的女人容易幸福，她们看起来有些"傻"，不会把简单的事情复杂化。做一个率真的女人，即是拥有一份简单的心情，并在简单中享受生活本身的快乐。

在压力巨大的社会，每个人都像一匹长途奔腾的马，没有终点，只有长路。因此，女人的率真便是一种温暖的凝聚力，不仅会让男人认识到自己的责任，还让生活更加和谐。

一个率真的女人，总能宽容地面对生活、面对人生。她会用简单的心境来使自己生活得从容而平静、轻松而洒脱。在她的内心世界里，根本没有过不了的河，也没有解不开的疙瘩。烦恼时，和同事、家人有矛盾时，不顺心、不如意时，她都会用一种看似"没心没肺"的"天真"心态来看待这一切：冬天过去不就是春天吗？黑暗过去不就是黎明吗？当然，率真的女人不会不在乎自己的形象，不会穿着睡衣满大街跑，也不会顶着一头乱蓬蓬的头发去约会。率真的女人是美的、知性的化身，她也许有着长长的波浪头发，精致却不着痕迹的妆容，然后随意地在午后靠窗的桌子上，或看本书或喝杯咖啡，或仅仅只看着来往的行人；率真的女人行事果敢，外表虽然洒脱大气，内心却精致细腻。

其实所谓率真无非就是真性情，《中庸》里说："天命之谓性，率性之谓道，修道之谓教。"意思是说，人的自然禀赋叫做"性"，顺着本性行事叫做"道"，按照"道"的原则修养身心叫做"教"。这句话很明白地告诉我们，用真性情去生活才能找到人生的真谛。

告别"畏畏缩缩"，脱掉"瞻前顾后"，大胆坦露自己的心思，打开心门，敞开心扉，让自己随性而动，随心而为，适时地大大咧咧、天真可爱，这样你才能活得自由。该说无所谓的时候就说一句无所谓，就像林徽因一样，这样你才会活得开心。

3.活出一种洒脱的姿态

幸福来自于内心的安静和沉淀。想要获得幸福，女人就不能迷失在过去，更不能执著在自己的情绪里。作茧自缚永远是自己最大的敌人，无论是什么原因，无论是何种境况，想要活得坦然和精彩，就要让自己勇敢踏过荒野，甩掉满脚的泥泞。

宋朝无门慧开禅师说："春有百花秋有月，夏有凉风冬有雪。若无闲事挂心头，便是人间好时节。"女人啊，抛弃过去的羁绊吧！别让自己在过去里沉沦了，昨天是回不去的曾经，但我们还拥有现在和未来。过去的那些往事，就让它成为永久的回忆。你可以在某个清晨或黄昏，从记忆深处翻开看看，但看过之后要重新整理好自己的行囊，继续人生的旅程。唯有挣脱无谓的痛苦和执著，女人才能享受到真正的云淡风轻。

林徽因在洒脱的一生中，"放下"的事情很多，她能承受一般女人所不能承受之轻，也能承受他人所不能承受之重。

林徽因既耐得住学术的寂寞和生活的艰辛，也享受得了繁华中的尊贵。在处于绝境的时候，她仍然选择留在祖国，即便处于百般周折中也拒绝平庸。诚如费正清所说："他们不仅具有极高的学术水平，而且还有崇高的品德修养，而正是后者使他们能够始终不渝地坚持自我牺牲，坚定地为中国的现代化作出了自己的一份贡献。"

抗战期间，林徽因在李庄的6年恐怕是她一生中情绪最抑郁的时期，在战争与疾病中艰难度日的她，几乎过着与世隔绝的生活。

对于这段生活，她在给费慰梅的信里写道："我们遍体鳞伤，经过惨痛的煎熬，使我们身上出现了或好或坏或别的什么新品质。我们不仅体验了生活，也受到了艰辛生活的考验。我们的身体受到了严重的损伤，但我们的信念如故。现在我们深信，生活中的苦与乐其实是一回事。"

在最困难的时候，她依然"信念如故"，磨难锻炼了她的意志，使她领悟到"生活中的苦与乐其实是一回事"，她能够坦然面对现实世界里更多的挫折，苦也好，乐也罢，都会成为过去式。

她洒脱到能把"移情别恋"的困苦向丈夫讲出来，这种把真实表现得淋漓尽致的做法着实令人赞叹。

早在林徽因刚过门的时候，她就获得了梁启超的高度赞赏："新娘子非常大方，又非常亲热，不屑作从前旧家庭虚伪的神容，又没有新时髦的讨厌习气，和我们家的孩子像同一个模型铸出来。"梁启超形容她"非常大方"，是对她洒脱的极好评价。

洒脱是林徽因的一贯作风，早在宾大学习时就已经流露出来。她的一位同学在《蒙塔纳报》写了一篇访问记，中间描述林徽因的部分有这样的内容："她坐在靠近窗户能够俯视校园中一条小径的椅子上，俯身向一张绘图桌，她那瘦削的身影匍匐在那巨大的建筑习题上，当它同其他30到40张习题一起挂在巨大的判分室的墙上时，将会获得很高的奖赏。这样说并非捕风捉影，因为她的作业总是得到最高的分数或是偶尔得第二。她不苟言笑，幽默而谦逊，从不把自己的成就挂在嘴边。"即使成绩很好，她从不张扬，只是让事实说话，十分谦逊。

梁思成和林徽因是在加拿大渥太华举办的婚礼，他们选择的日子是为了纪念宋代杰出建筑师李诫。而林徽因不愿在教堂举行西式婚礼，于是结婚仪式是在中国驻加拿大总领事馆举行的。林徽因也不愿意穿西式的白纱礼服，但又没有中式的可以穿，于是她充分发挥自己的天性，亲自为自己设计了一套"东方式"的结婚服装。

这种洒脱中还带有一些可爱的成分，但最令人敬佩的还是她的民族情结，虽然接受了西式的教育，但骨子里还是民族主义占主体。李健吾在《林徽因》中也说："她是林长民的女公子，梁启超的儿媳。其后，美国聘请他们夫妇去讲学，他们拒绝了，理由是应该留在祖国吃苦。"这无疑是她活得洒脱的最好的见证，真正的洒脱是脱离了纯粹的个人情趣的。

内心世界充满热情的林徽因，从不遮掩对感情的渴求，她说"没有情感的生活简直是死!"她和金岳霖的情谊被后人赞为"人与人关系臻于最美最崇高的境界"。能够在感情的"漩涡"里做得如此克制而周全，也确实够洒脱了。

内在洒脱的女子，无论处在什么样的生活景况中，洒脱都是不变的旋律。

在昆明避难期间，林徽因一样的洒脱。

显然，林徽因已经把洒脱打造成了一种生活情趣，那是悲惨生活里的乐观主义。

当听到日本侵略者宣布无条件投降的消息时，林徽因欣喜若狂，她坐轿子到茶馆去，甚至不惜破了不喝酒的戒，那是她历时4年第一次离开居所。而当时她已经是贫病交加，身体状况极差，但这些并没有影响她的洒脱姿态。林徽因说："生命早描摹了它的式样，是我们的想象太美。在表面的幸福下，这其中有多少割舍不下的缠绵和心痛。"世事多变化，有些东西是注定不属于我们的，我们能够拥有自己想拥有的，珍惜应该珍惜的，已经是莫大的幸福了。林徽因始终是克制的女子，虽追求浪漫与繁华，生活里却更多的是平淡和琐碎，可她从没有让幸福缺席。

生活，的确需要活出一个洒脱的姿态。

做一个洒脱点的女人，让自己的头脑处于冷静的状态，尽管会有一些不甘心，有太多的留恋，也或许会想起他的千百种好，但都不允许自己头脑发热。否则的话，等待一切尘埃落定后，留下的可能是更多的后悔。

让自己活得更加坚强一些吧，学会洒脱地面对所有的局面，我们即便非常渴望与需要爱情，但也都不要忘记了家人朋友才是我们生命中最值得珍惜的，他们一直在守护着我们。女人在受伤过后，就不要停留在过去的伤痛中。给自己一点点时间，或者换个环境，学会自我疗伤，学着尽快地走出那片阴霾，删除不良记忆，一切从头再来，没有什么大不了的。

三毛小时候是一个非常勇敢而又聪明活泼的小女孩，但在上初中后，数学成绩渐渐出现了滑坡，几次小测试都不及格，为此，三毛心里很自卑。

后来，三毛发现每次小测试的题目都是从课本后面的习题中选出来的。于是，每次临考前，她都会把习题背熟了。运用这个方法，连续几次的测试她都取得了满分。数学老师对此有些怀疑，决定要单独测试一下三毛。

这天，老师将三毛叫进办公室，将一张准备好的数学卷子交给她，让她十分钟内完成。由于题目难度很大，三毛得了零分。

之后，上数学课的时候，老师在全班同学面前羞辱了三毛。他让三毛站在同学面前，用毛笔在三毛眼眶四周涂了两个大圆圈，全班同学哄笑不已。老师并没有就此罢手，他又命令三毛到教室外面，在大楼的走廊里走一圈再回来，三毛不敢违背老师命令，只得一步一步将漫长的走廊走完。

对于一个十多岁的孩子来说，这无疑是沉重的打击，三毛开始讨厌上学，厌恶学校，于是开始逃学。当父母鼓励她要正视现实，鼓起勇气再去学校时，她坚决地说"不"，并且自此开始休学。

休学在家的日子，三毛仍然不能从这件事的阴影中走出来。当家人在一起时，姐姐弟弟不免要说些学校的事，这令三毛痛苦不堪。这件事对三毛后来的性格以及人生道路产生了很大的影响。

其实，三毛的痛苦就在于她不能忘记。假如一件事对我们已经造成伤害，如果我们不能忘记它，还要经常回忆它，就无异于在旧伤上又添了新的伤口。这时，最明智的方法就是学会忘记，忘掉过去的伤痛。

一个人，要想活得开心、洒脱，最好的方法便是做个健忘的人。如果对那些痛苦的事情念念不忘，那么，即使事情只发生过一次，它也会每天在你的脑海中出现，所以，请学着将痛苦的事忘记，只有忘记过去的伤痛，我们才能生活得开心。

活出一个洒脱的状态，随时给镜中的自己一个微笑，我们本可以活得更加漂亮，更加自信，更加率性！

天下没有不散的宴席，不管爱憎别离，还是风花雪月，都只不过是人生过程中的一道风景，学会欣赏它们，我们就能永远掌舵生命的方向。当一场刻骨铭心的爱恋成为历史，我们且不妨把自己藏起来，回归自我的世界，待到风平浪静，获得自我的解脱后，一切还是那么美好。学着记住该记住的，忘掉该忘掉的，给自己更多洒脱地活着的机会。

4.乐观的女人永远能发现好的一面

其实，事情没有好坏之分，关键是我们对事情的态度，换一个角度看问题，事情就没那么糟糕，换一个思维，幸福就离我们不远。

林徽因在诗《微光》中记录下了躲避战乱的那段平凡：

街上没有光，没有灯，

店廊上一角挂着有一盏；

他和她把他们一家的运命

含糊的，全数交给这黯淡。

街上没有光，没有灯，

店窗上，斜角，照着有半盏。

合家大小朴实的脑袋，

并排儿，熟睡在土炕上。

外边有雪夜；有泥泞；

砂锅里有不够明日的米粮；

小屋，静守住这微光，

缺乏着生活上需要的各样。

缺的是把干柴，是杯水；麦面……
为这吃的喝的，本说不到信仰，——
生活已然，固定的，单靠气力，
在肩臂上边，来支持那生的胆量。

明天，又明天，又明天……
一切都限定了，谁还说希望，——
即使是做梦，在梦里，闪着，
仍旧是这一粒孤勇的光亮？

街角里有盏灯，有点光，
挂在店廊；照在窗槛；
他和她，把她们一家的运命
明白的，全数交给这凄惨。

她自己形容自己说："我是女人，理所当然变成一个纯净的'糟糠'典型，一起床就洒扫、擦地、烹调、课子、洗衣、铺床，每日如在走马灯中过去。然后就跟见了鬼似的，在困难的三餐中间根本没有时间感知任何事物，最后我浑身疼痛着呻吟着上床，我奇怪自己干嘛还活着。这就是一切。"

金岳霖曾这样概括那段时期的林徽因："她仍旧很忙，只是在这种闹哄哄的日子里更忙了。实际上她真是没有什么时间可以浪费，以致她有浪费掉生命的危险。"

很难想象，这是曾经的林徽因，她习惯了"天堂"式的生活，在"地狱"式的日子中似乎也并没有倒下，而是坚持着自己的坚持，一坚持就是整整6年。

然而并不仅仅是平淡，还有危险。林徽因在给费慰梅夫妇的信中写道："日本鬼子的轰炸或歼击机的扫射都像是一阵暴雨。你只能咬紧牙关挺过去，在头顶还是在远处都一样，有一种让人呕吐的感觉，尤其是当一个人还没有吃过东西，而且今天很久都不会再吃任何东西，就是那种感觉。"

她已经承受了这样的极限，而是"咬紧牙关挺过去"。

但她并不是全然将自己埋没于这些平淡中，她还要振作起来，不能让平淡吞噬了一切。她总是把两间简陋的房子收拾得干干净净，她也会经常在窗台上的玻璃瓶里插上从田野里采来的鲜花，她与当地的百姓相处得极为和谐，他们总是愿意靠近她，并向她讲述他们的故事、分享他们的快乐，甚至时不时在把他们所拥有的"稀缺物品"赠送与她。这样一来，看上去平淡得几乎让人窒息的生活又恢复了生机，为她那段人生增色不少。

在这个喧嚣繁冗的世界上，乐观地对待生活更能让女人的世界五彩缤纷。

其实，一个真正懂得生活的女人是不会把自己的生活看作是炼狱的，她们懂得享受生活所带来的痛苦和欢乐。她们知道虽然生活并不尽如人意，但是生活本身就是一段历程，只有懂得去享受痛苦时的刻骨铭心，欢乐时的自由欢畅那才是生活的本来色彩。

一位作家曾写道："幸福是一种角度，从这边看是痛苦，换一边看未尝不是幸福。被刺到手时，你的幸福是因为它没有刺到眼睛。"不要奢望世界为我们而变，我们可以改变自己的态度。改变了自己,也就改变了一切。

生活中的不如意就是这样的,常常会不期而至:失恋、离婚、失业、疾病、丧失亲人……所罗门说:人有疾病,心能忍耐,也可承担;精神若已崩溃,一切就会成空。不幸来临,有的女人表现出心灰意冷,自暴自弃,让美丽在岁月蹉跎中枯萎;另一种女人则是直面生活,心在梦在,让精神的美丽永远摇曳在不屈的抗争里。

一位记者准备到一位生活在贫困线以下的女工家里"送温暖"。他打开这位女工的详细资料:丈夫早几年病逝,欠下了好多钱,两个破房间,两个孩子有一个是残疾。女工微薄的薪水养三个人,还要还债。

"她家里该成什么样子呢?女人和孩子蓬头垢面,一脸悲苦,蜷缩在又黑又潮的小平房里,屋里屋外没有一点儿鲜活的生活色彩。看到他的到来,母子三人哭哭啼啼地诉说着自己的不幸。"他想象一定是这样一副情景。

第二天,这位记者怀着深深的同情,按地址找到了那个地方。但他惊讶了,他怀疑自己是不是找错了地方,以至于又向人核实了一遍。

他看见女人脸上的笑容就像她的房间一样明朗,漂亮的门帘是用纸做的,灶间的调味品虽然只有油盐两种,但油瓶和盐罐却擦得干干净净。女工递给他的拖鞋,鞋底竟是用旧解放鞋的鞋底做的,再用旧毛线绣上带有美丽图案的鞋帮,穿着好看又暖和。女工说,家里的冰箱、洗衣机是邻居淘汰下来送给她的,用得蛮好。孩子很懂事,做完功课还帮忙干活……

这位女工是一位值得所有人学习的强者，强者就是如果别人能将你的财产，你的丈夫……你身外的种种一切都带走，还不足以证明你是个弱者。如果谁也拿不走你的幸福，你的自信，你内心的宁静，那么，你已经强大到不可征服。

对于乐观自信的女人来说，即使再漆黑的夜晚，也能看到星星仍在闪烁；即使乌云再密，她仍然坚信太阳不久就会照耀头顶。她坦然地接纳小生活中一切不幸的遭遇，微笑的态度犹如在接受一种财富。她没有抱怨，没有忧伤，反而感到光明、幸福。她对记者诉说着太多的高兴事，那眼睛里流露出光彩，那种欢快折射出的美丽，使整个世界都溢彩流光、灿烂无比！

面对当今越来越复杂、越来越纷乱的社会，在背负巨大心理压力的同时，我们经常还会碰到各种各样的困难和挫折，如失业下岗、家庭变故、婚姻失败、学业不顺、经济困难等诸多问题。当这一切突如其来无法解决时，一切取决于我们内心是否强大。

每个人的一生都会遇到诸多的不顺心，秉性柔弱的女人在遇到困境时，看不到前途的光明，抱怨天地的不公，甚至破罐子破摔，在精神上倒下；而秉性坚忍的女人在遇到困境时，能够泰然处之，认定活着就是一种幸福，无论是顺境还是逆境，都一样从容安静，积极寻找生活的幸福，不浪费生命的一分一秒，于黑暗之中向往光明，在精神上永远不倒。

其实，生活中很多事情真的降临到你头上，不管你愿不愿意接受，它都会来，这就要看你怎样对待它了。

著名的台湾佛学大师海涛法师讲：当今社会，不是让你去改变谁的时候，而是你要懂得学会接受，以一个好的心态坦然地接受它。当你凡事都以乐观的心态去面对的时候,你会惊讶地发现,无论多么大的困难,都不是可怕的,世界原来竟是那么的美好,我们的生活处处都充满了阳光。

5.微笑无需成本,却创造出许多价值

有一位哲学家说得极为精彩:微笑无需成本,却创造出许多价值。

女人应保持心境平和,从容应对,微笑面对生活赋予我们的一切。微笑着面对诽谤;微笑着面对危险;微笑着面对坎坷崎岖的人生。当你微笑着走向世界的时候,所有的艰辛和磨难不但不能奈何你,反而更衬托出你那从容不迫的风度。闪光的微笑就是女人搏击人生的又一亮点!

懂得对自己微笑的人,她的心灵天空将随之晴朗;懂得对生活微笑的人,将会拥有美丽的人生。

一个女人,以微笑视人,以微笑从容对曲折的人生,坚持自我,才是最美的女人。因为微笑是一种恬淡、一种自信、一种执著;因为,这种微笑能传染家人、朋友、同事,让人感到生活的轻松、愉快;同时,微笑也让人年轻、活力。所谓笑一笑,十年少。微笑是生活最好的润滑剂,让人不感到负担和沉重。更重要的是女人的微笑是一种淡淡的幸福,因为幸福的女人都会开心,形之于色就是一种坦然的微笑,这是女人遮不住的春风。你微笑

是因为你幸福。

保加利亚哲学家吉里尔·瓦西列夫在《情爱论》一书中说："爱的微笑像一把神奇的钥匙可以打开心灵的迷宫，它的光芒照亮周围的一切，给周围的气氛增添了温暖和同情，殷切的期望和奇妙的幻境。"微笑所释放出的能量也许是世上最惊人的奇迹，而奇迹本身就是它永恒的荣耀，化干戈为玉帛，化武力为祥和。

微笑貌似平平淡淡，其实却是恰到好处。它既是一种单纯，也是一种丰富；它既是出于礼貌，更是发自内心。微笑，是愉悦心灵的折射；的确，微笑是最美的。也是女人生活里最明亮的阳光！

当女人握住岁月的手，就学会了用微笑承受痛苦，学会用微笑把眼泪揩干，让孱弱的双肩撑起抑郁的额头。不论经历了怎样的委屈、艰辛和误解，女人依然用最美的微笑来迎接灿烂的每一个黎明。人生苦短，女人的路若想走得远而长，必然会付出更多的努力和勇气，用真诚的微笑感染和打动身边的每一个人，那么你的脚印就会坚实而有重量！

一位少年对他母亲说："我讨厌哭，所以我笑。"尽管那位少年的蛋和牛奶掉到地上了，但他把哭泣换成了笑。拿破仑·希尔说："我想提醒大家，当你追求成功的时候，一定不要把微笑收藏起来，可以说，世界上没有什么比微笑具有更大的力量，它是使困难挪动的启动器，它是铲除逆境的推土机，它是我们走向成功和辉煌的绿卡。"

当一个女人荣辱不惊，笑对成败，坦然面对一切时才是对微笑最完美的诠释！

微笑是女人自信的翔舞，微笑是女性真诚的欢歌！

永恒你的纯真,永恒你的微笑,女人的微笑精彩无限!

所以在遇到困难的时候,请你笑一笑;当不安掠过你的心灵时,请你笑一笑;焦躁的时候也笑一笑;在一天之内如果你犯下愚蠢的错误,也请你笑一笑,将它忘掉;当你因不高兴而板着面孔时,也请你一笑了之。

第十章

修炼底蕴
——林徽因的女人哲学

作为女人，她应该说是做到极致了，似乎我们普通的女子难以望其项背，但这并不妨碍我们学习她的优雅和才情，即便是完美的影子，或许也会为我们的人生增色不少。

1.不断学习,为自己充电

美国总统杜鲁门说过: "不是所有的读书人都是一名领袖,然而每一位领袖必须是读书人。"杜鲁门没有读过大学,但他从来没有停止过学习。与此相反的是,很多人认为,我们所需要的知识在学校就已经学过了,学习是学生的事。所以,很多人上班后就不再读书,不再学习工作之外的东西,往往把大把的时间浪费在闲聊与看电视上。

其实,想在事业上有所成就,我们应该学一些工作之外的新东西,以增强自己的综合能力,不断提高自己适应这个社会的能力。离开学校后,学习只能靠自己积极主动,因为我们缺少充裕的时间和心无杂念的专注,以及专业教师的辅导。

学习是一辈子的事,不论是在人生的哪个阶段,学习的脚步都不能有所停歇,要把工作视为学习的殿堂。我们只有学习、学习、再学习,才能不断丰富自己,不断地提高自己的整体素质。要想在当今竞争激烈的商业环境中胜出,就必须学会从工作中吸取经验、探寻智慧的启发以及有助于提升效率的资讯。

1994年,杨澜从一个学生成为《正大综艺》的节目主持人,把一个有着良好家教和较高文化素质的青春少女形象和富有女性细腻情感和职业妇女形象融合在一起,为我们创造了一种既高雅又本色,既轻松又令人回味的主持风格。在完成了《正大综艺》

200期制作之后，杨澜跨越太平洋去了美国，攻读哥伦比亚大学国际传媒硕士学位。当时很多人都不理解，因为杨澜已经取得了成功，已经成为著名节目主持人，她完全可以在她的地位上享受着她已获得的荣誉。但是，越是有功底的人越能体会到功底和学识的重要，越能产生在功底和学识上进一步提升自己的渴望，所以杨澜离开了众人羡慕的主持人的位置，去美国读书，成为一名学生。当她再一次出现在媒体上时，她的形象发生了很大的变化。她的综合素质提升了，在自己的人生道路上又上了一个台阶。

有人说，未来的职场竞争不再是知识与专业技能的竞争，而是学习力的竞争。一个人善于学习的人，前途一片光明。你的知识对于职业发展是很有价值的宝库，所以，别让自己的技能落在时代后头。

当今社会，科技发展迅速，市场经济千变万化，对人才的需求也随之不断改变。在这个知识大爆炸的年代里，人才的竞争不再是学历的竞争，而是学习力的竞争，谁放弃学习，谁必将被社会淘汰，只有不断地为自己充电，才能在竞争中立于不败之地。

大凡在事业上有大成就的人，都是终身孜孜不倦追求知识的人。在漫长的人生经历中，不管境遇怎样改变，他们也不放弃对知识的追求，学习既是获取知识的途径，又是在逆境中的精神支柱。他们真正地明白"学海无涯"的道理，知道知识无止境，学习也应该是没有止境的，学习使一个人的思想、心理和精神永远年轻，也使事业日新月异。

1924年，林徽因20岁，梁思成23岁。6月初，林徽因和梁思成前往美国。

7月，林徽因和梁思成到了康奈尔大学，他们利用暑假的时间补习功课，调整身心，适应新的环境，并准备9月份再到宾夕法尼亚大学建筑系注册。

两人补习了一个多月后，来到位于费城的宾夕法尼亚大学建筑系报道时，校方告知他们，为了便于学校的管理，建筑系只收男生，不收女生。原来，因为建筑系的学生经常需要在夜里作图画画，而一个女生深夜待在画室是很不适当的，学校管理也不方便，因此就不招收女生。

商量一番后，梁思成依然报建筑系，而林徽因便改报了美术系，同时选修了建筑系的主要课程。

虽说早就立志学习建筑，但林徽因在绘画、制图方面并没有什么基础，而梁思成至少还有清华美术社的底子，所以林徽因只能从头学起。她的悟性极强，对线与形的把握带有鲜明的个性特征，教绘画的老师也对她的这种能力十分赞赏。

林徽因学习非常努力，而基础学科的训练是刻板而近乎枯燥的。每当奔走在美术教室和建筑教室之间时，每当节假日美国的同学都外出度假或回家时，她就会抑制不住地想家，想北京，想亲人，还想新月社的友人。在美国的这段生活，她后来在给胡适的信中，用"精神充军"来形容。

1927年夏天，林徽因结束了宾夕法尼亚大学的学业，获美术学士学位，4年的学业她仅用3年就完成。之后，她又继续为自己充电，转入耶鲁大学戏剧学院，在C.P.贝克教授的工作室学习了半年舞台美术，成为我国第一位在国外学习舞美的学生。这年2月，梁思成也完成了宾大课程，获建筑学硕士学位，转入哈佛大学研究生院研究东方建筑和美术史，完成博士论文时发现资料远远不够，须回国实地考察，拟两年后交博士论文。

在耶鲁，林徽因很快得到了教授和同学们的喜爱。宾大3年的学习，她打下了扎实的美术基础功底。经过繁复、精确的建筑设计训练后，她的绘图设计能力远远高出学习舞美设计的其他同学。她学习起来十分轻松愉快、游刃有余。她本来热爱戏剧，又参加过戏剧演出，因此，在做舞美设计时，她能够身临其境地感受舞台上的戏剧空间，不仅考虑到舞台的视觉效果，还能考虑到舞台上场景的变换、演员的调度。

林徽因从小接受祖父祖母的传统教育，后又随父亲接受西学，到美国先后学习建筑及戏剧，由于她的兴趣广泛，对诗文也都有所涉猎，这正是因为她不断学习，为自己充电的结果。然而，现实生活中有许多人一旦离开学校，就不再继续学习了。

事实上，只有经常给自己充电的人，才能适应社会对人才越来越高的要求，使自己的事业更上一层楼。林徽因也正是因为她不断充实自己，并将各类丰富的知识触类旁通，应用于她的建筑事业，她才能成为中国近代最杰出的建筑家之一。可以说，如果我们不继续学习，就无法取得生活和工作所需要的知识，无法适应急速变化的时代，这样一来，我们不仅做不好本职工作，反而有被时代淘汰的危险。

2.女人一定要有几项兴趣爱好

有时候，人不一定拥有物质上的满足就会活得幸福，也不一定得到爱情的滋润就会称心如意。有时候，精神上的满足比任何物质都充实，内心饱满的生活才会充满意境。

女人一定要有几项兴趣爱好，比如画画、看书、做瑜伽、听音乐、唱歌、看风景……运用其中一两样兴趣爱好来陶冶性情，修心养性，提高一下自己的生活品味和素质，同时还能自得其乐，也能给自己带来健康和美丽。

对于林徽因来说，建筑学肯定是她的工作，而这位兴趣十分广泛、能力超群的文化名人，会画画，也会作诗，还会演戏。

现在的人大都知道林徽因和梁思成一样是建筑界的专家，是国徽的设计者之一，但很少有人知道并认真读过她的诗、散文、小说或剧本。在20世纪30年代初，她受"新月派"的影响开始写诗，她的诗很美，善于用充满意象的语言描绘自然景物，是中国现代文学史上公认的杰出的三位福建籍女作家之一，另外两人是冰心、庐隐。

林徽因的文学作品加起来不过10来万字，主要有《你是人间四月天》、《谁爱这不息的变幻》、《笑》、《清原》、《一天》、《激昂》、《昼梦》、《瞑想》等几十首诗篇；话剧《梅真同他们》；短篇小说《窘》、《九十九度中》等；散文《窗子以外》、《一片阳光》等。其中代表作为诗歌《你是人间四月天》以及小说《九十九度中》。但这仅有的一点东西，按后人的评价，"几乎是篇篇珠玉"。虽然写得不算多，但她的写作必是由心坎里爆发出来的，不论是悲是喜，必得觉得迫切需要表现时才把它传达出来。

林徽因的诗虽然早在1937年就准备出版，但由于抗日战争爆发而迟迟未见动静，直到陈钟英、陈宇在1985年编纂出版了《林徽因诗集》，共收集了55首1931年到1948年她所写的新诗，这些诗绝大部分发表在20世纪三四十年代的报刊上。

林徽因小说虽仅有六篇，但已具有鲜明的艺术特色，文体上纯正、雅致，语言简洁，描写精细，审视题材深刻，结构内容周密，表现手法理智而隽永，可见她受中国古典小说和西方现代小说的内在影响，已形成一种兼有古典意味的现实主义风格。她"通过自己的小说、剧本和散文，是有意识地要对当时她所观察到的社会现实有所反映"，在京派诸多名家之中，既反映京派的一般风貌，又卓然自成一家，她作品中的柔曼、温婉自是杨振声、沈从文、萧乾、师陀这些男性作家所不具备的，即使京派中同为女性的凌淑华与她也大异其趣。其艺术的精湛，甚至在不少颇负盛名的女作家之上。

1934年5月，她和朋友自费创办了纯文学性质的杂志《学文》，如下之琳所说，"这个刊名，我也了解，是当时北平一些大学教师的绅士派头的自谦托词，引用'行有余力，则致以学文'的出典，表示出余性质"。该刊的另外几位主要成员，如闻一多、叶公超都是文学专业的教授，而林徽因作为业余性质的小说作家，活跃在他们这个圈子之中。

在林徽因的"太太客厅",她经常朗诵诗歌或自己喜爱的作家与作品,并不刻意回避,这也是林徽因作为一个文学家的特质。梁从诚谈到林徽因朗诵时的情景说:"特别是在她自己朗读的时候,常常像是一首首隐去了曲谱的动听的歌。"遗憾的是,大概没有多少人有幸听过女诗人的朗读。

对于戏剧,凡林徽因的朋友,几乎不约而同地提到过她对戏剧的狂热。卞之琳说林徽因"酷爱戏剧";费慰梅说"戏剧曾强烈地吸引过她";梁从诚也说"母亲始终是一个戏剧爱好者"。费慰梅曾经说过,林徽因热衷于戏剧,并不限于传统戏曲还是新剧,而是一种兼容并蓄式的爱好,她"疯狂地喜欢梅兰芳","为能把传统戏曲带进20世纪节奏的前景而喜欢"。而对新剧,在当时尚属新生,林徽因也算开风气的实验者之一。

1924年泰戈尔访华,父亲林长民以半百年纪登台与女儿林徽因同演泰氏名剧《奇特拉》,当时《晨报》连篇累牍介绍演出状况,称赞"父女合演,空前美谈"。虽为"美谈",但在大庭广众下抛头露面出演爱情戏,在当时是很不被人理解的,林徽因的作为,就得不到梁启超夫人李蕙仙的谅解。

甚至,林徽因在1927年获得宾夕法尼亚大学美术学士学位后,随后就转往耶鲁大学戏剧学院学习舞台美术设计,她是认认真真把戏剧当作了艺术来对待。

回国后,林徽因在研究古建筑之余,也一直不忘对戏剧的尝试。这种努力,主要体现在新剧的创作以及舞台美术设计两个方面。1937年,林徽因创作的四幕剧《梅真同他们》发表于《文学杂志》,这是她的第一部也是唯一一部剧本创作,剧本描写了在"五四"运动的思想启蒙下,大户人家的丫头梅真所经历的独特的人生际遇，以及由此带来的爱情悲剧和人生悲剧。

虽说是四幕剧，但实际上《梅真同他们》只写出三幕。抗战后，林徽因中断了她的写作计划，不少热心的读者曾追问林徽因，梅真后来怎样了？林徽因笑答，抗战去了。

同时，作为在国外学习舞台美术设计的第一人，林徽因还曾经为天津南开新剧团公演的话剧《财狂》担任舞美设计。她以舞台美术的专业素养、不俗的眼界与功力，为舞台剧作美术设计，一生就只此一次，但这唯一的一次，就值得纪念，更别说她独具匠心的设计。《财狂》公演，使林徽因获得了如潮的好评，再次成为报界关注的焦点。

不论是诗、散文、小说还是戏剧、舞台美术，对林徽因而言都是兴趣爱好，她的兴趣广泛让她对生命充满了热忱，也很少有人能像林徽因一样，在诸多领域获得那么大的成功和赞誉。她是把她的兴趣爱好玩出了高雅，玩出了格调。

兴趣爱好是一个人的精神食粮，可以支撑着女人的精神世界。它犹如女人心灵的一块绿洲，在人生旅途干涸的时候，滋润慰藉女人的心灵，它不但能陶冶女人的情操，培养女人的气质和修养，让女人除了为人妻为人母外，还能高质量地生活。

人总是会累的，在生活的海洋里漂泊，总有需要靠岸的时候。爱人可能会离去，金钱可能会散尽，朋友可能会疏远，那么你的兴趣爱好，就能成为你最后的港湾，心灵永久的栖息之地。女人的爱好，即使只有一样，也能在和她生气的时候让自己开心，在事业不顺的时候给自己勇气，在被遗忘的时候找回信心，这就足够了。

米兰与丈夫结婚三年了，终于有了自己的小宝贝。知道自己怀孕的米兰既有欢喜也有忧。她不愿意舍弃自己工作了五年的单位，也不愿意挺着肚子上班，忍受拥挤的交通。两者选其一，她反复纠结，在脑海里形成了挥之不去的阴影。

丈夫劝她不要外出，安心在家养胎。她虽然不情愿，却还是辞职了。久而久之，就养成了习惯，每天在家里收拾，看看电视。日子如同反复重播的录像带，枯燥乏味。没意思成了她的口头禅，听得老公耳朵都起茧子了。

一天，她照例对着丈夫抱怨"生活也太没意思了。"丈夫就问她："那你为什么不找点有意思的事情做呢？"

"你以前不是一直想学钢琴吗？那个时候我们没有钱，现在刚好你没有什么事，不如就开始学钢琴吧，以后也好教我们的孩子。"

米兰听后恍然大悟，原来自己的生活太缺乏如此的爱好了。没有自己的爱好，犹如灵魂少了一些血肉，只剩生活这副骨架了。迷上了钢琴，爱上了钢琴，就这样，米兰开始每天在家里练习钢琴，从最基本的入门开始，一天一天练下去。

十月怀胎，女儿出生后，她已经能够弹奏一整支完整的曲子了。看着熟睡的女儿，看着认真弹琴的妻子，丈夫说："生活从来没有像现在这样温馨且令人陶醉。"

女人一定要培养一些自己的兴趣。难过的时候，兴趣是你最好的老师，引导你走出心底的忧伤；快乐的时候，兴趣是你的密友，分享你的甜蜜；乏味的时候，兴趣是你的恋人，给你恋爱时的激情；寂寞的时候，兴趣是你的亲人，伴你走过最孤独的心路历程。

用你的兴趣爱好，以另一种方式融入这个世界，融化在人们心底柔软的深处。也许，你会在茫茫人海中找到知音，找到心灵有共鸣的那个懂你的人，即使没有，孤芳自赏未尝不可，同样能给自己带来一份优雅，一份宁静，一份淡泊，一份宽容。

伟大的思想家罗兰曾经说过："当你所做的事情是你自己的爱好时，你会发现你做起事情来就会事半功倍，爱好能够让人变得聪明，爱好也能够给人们带来动力，做自己喜欢做的事情就会在行程中得到快乐，在困难中得到鼓励！"

女人有了自己的兴趣爱好，生活就不会那么紧张。修身养性，提高生活品味，乐在其中，是一件很舒心的事情。从这些爱好中寻找乐趣，寻找情调，寻找生活的色彩，就能让原本美好的日子更加闪闪发亮。

3.阅读是心灵的对话，思想的放牧

如今我们明白，真正的自信美丽是源自心灵的智慧，而且这种美丽伴随女性的成熟而日渐丰厚。拥有丰厚的内涵和扎实的功底非常重要，因而从阅读中汲取滋养心灵的营养和智慧就成为自信女人的必修功课。

撒切尔夫人在一次公众演说中说过："智慧是优雅女性必备

的素养。"可见,是智慧成就了优雅的内在,任何一位女性的优雅与美都必须以智慧做基础,否则,外在的优雅只是一个易碎的玻璃外壳。一个人的智慧、才华、灵气是生长在一定知识平台之上的,知识越多,女人智慧的底气就越丰厚,美丽也就越能脱出小家碧玉的拘谨,成就大家风范。

一个女人最具魅力之处,即在于心中藏有一座开掘不尽的精神矿藏,它有能力让自己的美丽与时俱进,任岁月渐长,亦能给人一种常新的迷人魅力。想要获取这种魅力,秘诀就是内外兼修,从美化心灵开始,持之以恒地积累自己美丽的资产。

而阅读诗书,正是充盈智慧、美丽终身的途径。

主要从事女作家研究、女性文化名人研究的中国文化研究所研究员张红萍在《林徽因画传——一个纯美主义者的激情》一书中说:"当朋友们散去之后,她的音容、表情,特别是她的观点、见解,让朋友们感慨不已。下一次朋友们又会为她的魅力、见解吸引而来,这些聚会几乎成了朋友们的精神食粮,成为这个小圈子的生活方式。去徽因的客厅聊天,意味着单调生活的中断,新的活力和激情的注入。生活中的一点点涟漪,让人们回味无穷。这样具有激情、才华、创造力的女子,在中国四平八稳的传统社会中,就像夜空中闪亮的星星,让人景仰、愉快、幻想。"

就是这样一个精致的女子,她用自己的无穷魅力吸引着一大群高端朋友。

张红萍又在书中写道:"……等到周末,她把自己一周的趣闻、生活经历、工作情况、思考所得出的思想、阅读书籍的内容和感受讲给朋友们听。她从来没有把自己的时间浪费在无聊的事情上，没有因为需要抚养儿女、支持丈夫、操持家务就放弃自己的专业和追求；没有忘记过自己心灵的追求；也没有屈服于社会、他人的舆论而放弃自己的生活方式。当别的女人不由自主地接受传统思想的熏陶束缚自己时，当别的女人心甘情愿地接受社会现实的安排，安于在家相夫教子时，她有意识地挣脱了男权社会安排给女人的命运和角色。当她与中国最优秀的男子高谈阔论的时候，当她的足迹踏遍祖国的山山水水，当她流连忘返于世界名胜古迹，当她奋笔疾书的时候，别的女人做着传统的女性角色要求于她们的毫无创造性的事情，屈服于生活，或喟叹自己的命运。"

一个精致的女子，总是能恰到好处地处理好各种关系与自己的各项事务，她总能守护住那个可爱的自我，总能遵循自己为自己制定的生命路线去生活。

金岳霖面对采访者如此坦言："我所有的话，都应该同她自己说，我不能（与别人）说，我没有机会同她自己说的话，我不愿意说，也不愿意有这种话。"这位默默爱了她一生的哲学家，对这样一个女子，有着太多的情愫，一个几近完美的形象，一直存在于他的内心深处。

林洙说："我从梁家出来感到既兴奋又新鲜。我承认，一个人瘦到她那样很难说是美人，但是即使到现在我仍旧认为，她是我一生中见到的最美、最有风度的女子。她的一举一动、一言一语都充满了美感，充满了生命力，充满了热情。她是语言艺术的大师，我不能想象她那瘦小的身躯怎么能迸发出那么强的光和热……"一个精致的女子是美的化身，她永远爱自己的生活，对生活永远充满热情。

学贯中西的林徽因总是根植于中国文化,从不崇洋媚外。她很早就在《窗子以外》里说过一句"洋鬼子们的浅薄千万学不得",高尚的情操由此可见一斑。

而她身为一个建筑学家,却在文学方面有着卓越的成就,这的确是很稀有的。汪曾祺就曾称赞她:"她是学建筑的,但是对文学的趣味极高,精于鉴赏,所写的诗和小说如《窗子以外》、《九十九度中》,风格清冷,一时无二。"

这样一位女子,著作总量不大,但后人评价"几乎是篇篇珠玉",她在文学创作上,把灵性发挥到了极致。

随着年龄的增长,女人的风姿就像是握在手里的沙,握得越紧,从指缝中流失得就越快。一个精致的女子,拥有一定的底蕴和魅力,于举手投足之间,从容、自信、淡泊油然而生。那是一种由内而外的气质。

很多女性也许是刚刚走出校园的那一刻就远离书。之后工作的繁忙,生活的压力,都会让女人难得再碰书的棱角。或者是习惯用手机看小说,或者是在家上网看书。但是,一个拿着书在阅读的女人,远远比那些拿着手机在看书的女人更有气质。在阅读的时候,女人所自然流露出来的气质是强大的,也是让人羡慕的。

凯勒说过:"一本书像一艘船,带领我们从狭猛的地方,驶向生活的无限广阔的海洋。"习惯读书的女性是美丽的,是知性的。经常读书的女人身上会散发出一股书香味,而这种味道却会让女人在人群中显得比平时更有气质而脱俗。与人交谈时候,别人愿意和喜欢读书的女人交流。会读书的女人和人交流的时候，不会有词穷的那一刻，也不会那么浅显地问对方比较白痴的问题。

张叶是个很爱读书的女人，除了习惯读完书做笔记之后，也喜欢把书中的语言变成自己的话，时间久了大家都觉得她很有才气。

一次，和其他公司的联系会上，张叶因读书而散发出来的气质成为了焦点。当时，有位男士说："和她说话，可以让我学到很多东西，谈话的内容也很愉快，她不是那个只关注时尚而对于知识是个白痴的女人，这样她真的很棒。"

后来，这位男士成为了张叶工作中的合作伙伴，私下两个人也是很要好的朋友。

古人云："腹有诗书气自华"，习惯阅读会让一个女人变得美丽。即使时间会带走女人的一切美貌和青春，但是读书却可以给女人带来持久的气质。读一本好书会让女人美丽、性感，更多的时候，读书是女人内心永远年轻的传奇。如果，女人没有读书，那么生活就是一摊死水没有一点涟漪。

因此，女人要养成读书的习惯，不要在用"工作很忙""没有时间"等理由来拒绝读书。鲁迅说过："时间就像海绵里的水，只要愿挤，总还是有的。"所以，就算工作再忙，女人要坚持阅读来提高自己的情趣和见识，做个感性但也知性的气质美女。

书是上一代传给下一代的精神遗产，是智慧老人给奋发进取的青年人的忠告，是准备休息的哨兵给接班的哨兵的命令。人类的生活智慧在书里传承。

要想具有丰富的知识，做一个有文化素养的女人，使自己散发书香的魅力，就要与书为友。一本好书就像是一个最好的朋友，它始终不渝，过去如此，现在仍然如此，将来也不会改变，它是最有耐心最令人愉快的伴侣，在穷困潦倒、临危遇难的时候，它也不会抛弃我们，总是一往情深。在人们年轻时，好书可以陶冶人们的性情，增长知识；年老时，它又给人们以安慰和勉励。

人生的境界，就在于其思想的境界。好书常如最精美的宝器，珍藏着人一生思想的精华，若将一本好书的崇高思想铭记于心，那么这本书就成为我们忠实的伴侣和永恒的慰藉，优美纯真的思想会像天使一样，净化我们的灵魂。

袅袅书香，熏养出女人丽影清质的芝兰之气，更让女性最美丽的灵光与聪慧与日俱增。以书润心，可以成就一个完美女人。当然，在今天这样一个快节奏的时代，一个聪明的女人不一定需要博览群书，只消读到其中的一部分，适当弥补自己的知识体系的一些空白与不足，就能比别人多几分典雅的风神韵味。

因此，我们并不提倡女人做一个博古通今的学者，对每个人来说，都有不同的品位和不同的选择，有些书可以增强女性自身修养，有些可以陶冶女人性情，有些可以抚慰女人的心灵，有些则具体指导衣食住行，让女人活得更加滋润。

当然，要做一个内涵丰厚的现代自信女人，其文化视野仅停留在一点上是远远不够的。现代生活需求和心理需求的多元化要求我们进一步扩大阅读面，广泛涉猎文学、哲学、艺术、生活服饰、美体美容、职业成功、婚姻家庭、育儿、旅游等诸多不同领域；同时还要与时俱进，吸纳最新的信息和技能，将之服务于自己的生活。

当我们沐浴在暖暖的阳光下，泡一杯清茶，手捧书香沁脾的精品，如痴如醉地欣赏那一行行欢快跳跃的文字，似一位美食家，品尝佳肴满口噙香，它的养分早已融入我们的血液。

当我们在静谧的月夜，夜阑人静时，亲近书香，细细品味咀嚼，生活便向我们打开一扇窗户，透进来的是全新的空气，不露痕迹地弥漫在我们周围，不取分文地滋润我们的心肺。

优秀的文化产品可以让女人变得聪慧、大气、成熟，一本好书可以帮助女人不时地清理心灵尘埃，释放压力与重负，经营生活与感情，这种对心灵的滋润可以让女人美丽一生。

4.读万卷书，还要行万里路

书本知识是前人的体验。在我们不能去亲自体验的时候，这些书本知识是知识体系的重要部分。每个人的能力和资源都是有限的，许多事情不能去亲自体验，还有的我们也不可能去体验，如古代历史、名人交往、风险体验、历史事件等，我们可以通过书本间接体验。

不过，如果条件允许的话，我们能够体验的事情，最好尽可能去体验。因为，前人的描述也许不准确，别人的体验也许角度不同，亲自的体验更能体会身临其境的感觉。如摄像机拍得再美好，也不如自己去体验；如充满挑战性的事情再刺激，还是自己去亲自过瘾;如美食,那就更需要亲自体验了,别人永远不能代替。所以,不仅包括视频、网络,其实书本也是虚拟世界的一种形式。但是,虚拟的生活永远不能代替现实的体验,你要知道一道菜的味道怎样,光是看它的卖相,听食客的评价,你永远不知道它的味道是不是合你的胃口,只有你自己尝过,你才能真正了解它的味道。

古人云:"读万卷书,行万里路。"这句话不仅仅是用来劝诫一个人要多读书,也告诫人们要多出去走走,增长见识。

林徽因的睿智多识,享誉至今。走近她你会发现,这一路走来,是她一次又一次地突破地界、突破眼界、突破心灵,才促成了那个坚定执著、无畏无惧的林徽因。

还只是个5岁女娃的林徽因,随祖父母、姑母迁居蔡官巷。在一处清静悠然的宅院里,大姑母林泽民第一次将书本摊开在她的面前。她睁着天真的眼睛,打量着泛黄的纸页,心里想的却只是玩耍。

南京临时政府成立后,随之而来的是父亲工作上的调动,随即全家人移居上海,住在虹口区金益里。已经到了上学年纪的徽因,同表姐妹们一起,在附近的爱国小学,开始了她的学生时代。

不出几年,再次举家迁居天津,告别了小学生的天真烂漫、童言无忌,正式升入英国教会创办的培华女子中学。欢快活泼的林徽因,课上多了份认真,课下则与姐妹们嬉闹玩耍,带着懵懂少女的小情怀,感受着不一样的时间和地点所带来的生活变化。

搬迁、转学,也许是稀松平常的事情,然而新奇事物带来的新鲜感和冲击感，终会以不同的形式印刻在她的心里，成为日后游弋的起点。

如果说在一国之内，频繁地变换城市，还只算得上是通向大千世界小小的一步，世界地图在她面前，暂且只是展露一个小角落而已，那么，接下来的异国之旅，则完全自由了她的身体，拓宽了她的眼界。

出国读书求学，是青涩的林徽因梦寐以求的事。她急切地想要出去走一走，看一看，远隔重洋的世界，是否真如别人口中或书本中所描述的那般光怪陆离、变幻多端？她想要去弄清楚，想要揭开这神秘的面纱。

出国游学的机会，并没有让她等太久。

1920年，林徽因16岁，正是含苞待放的年纪，正对一切都充满热情和好奇，渴望离开原地，去到不曾去过的地方，拥抱不熟知的情怀。

这一年春天，父亲应邀赴英讲学，一向聪明乖巧的林徽因，自然成为他重点栽培的对象。她与父亲先是来到瑞典参加国联会，紧接着又马不停蹄地由法国转道英国，在阿门27号住下后，观光旅行就迫不及待地开始了。

巴黎、日内瓦、罗马、法兰克福、柏林，这些在当时国人中鲜有人知道的名字，以及一路上充满异域风情的景色和建筑，一一定格在林徽因的脑海里，给了她耳目一新的感觉。

西方的古典建筑与东方存在着巨大的差异，这令她惊奇不已。她的目光久久注视着眼前或沉静或奔放的建筑，品味着其中的韵味，内心的感触正在慢慢升华。

这些从未真切感触过的景象，落在林徽因的眼里、心里，让她冲破了地域,与世界建立起新的联系,她也开始用新的眼光去审视所处的世界。这片广阔的天地,不仅开阔了她的眼界,更为她架起了通往世界的桥梁。

女人,就该不时地走出去,到不同的地方,与不同的人交谈,看不同的风景,体味不同的人生。虽然依旧是同一片蓝天下,但身处异乡异地,感官上的体验必然带动心灵上的触动。

此时,才会惊觉,生活了几十年的那片小天地,并不是这个世界的全部,缠绕在周身的杂七杂八,以及剪不断的束缚和羁绊,也并不是人生的全部。

看清这一切,放下执拗与虚妄,才能继续坦然前行。

备受鼓舞的林徽因,9月结束旅行,回到伦敦,收回放飞的心思,以优异的成绩考入圣玛丽女子学院学习,正式开启了她的第一次短暂的游学之旅。

对林徽因来说,21岁时与梁思成一道奔赴大洋彼岸的美国,在宾夕法尼亚大学求学的经历,才是真正放开了手脚,越过了中西方的隔阂,找到了适合自己成长的新土壤。

正是这片土壤,给予她新的知识和新的视角。她小心翼翼、一点一滴地重新认识世界,了解世界,为周边的一切重新定义。

那时,去建筑系学习是林徽因的愿望,可惜宾夕法尼亚大学建筑系不招收女学生,为此她只好退一步,选择了美术系。

扎实的功底和优秀成绩,使她一入学就上了三年级,由于美术系与建筑系同属美术学院,加上梁思成在建筑系,她也就得以顺利旁听建筑系的课程,满足了心愿。也恰是这旁听,为新中国培养了一位杰出的建筑学家。

身在异国他乡的林徽因，充实着自己的大学生活，与同为留学生的闻一多一起，参加了"中华戏剧改进社"，志在将中华戏剧发扬光大。

1927年，结束宾大学业，获得学士学位后，对戏剧心存向往的林徽因，进入耶鲁大学戏剧学院，跟随著名的G.P.帕克教授学习舞台设计，由此成为中国第一个在国外学习现代舞台美术的女留学生。

得天独厚的天赋、扎实的美术和建筑学基础，加上天生一副热心肠，每逢交作业时，她便成了救人于水火的菩萨。在这崭新的领域内，林徽因收获了寻常人难得一见的景致，这是她曾经未能留意的世界。

做女人，一定不要将自己禁锢，不论是身体，或是心灵。如果没有去其他地方走走，又怎会知道，还有与今时今日不同的生活？怎么会了解，可以有不同于以往的活法？

身体被束缚，是可怕的。看惯了身边的种种，就算是闭着眼睛也能行动自如，也正因如此，才无法领略别处的花开花落；心灵被束缚，更是可怕。没了想要探寻新事物的念想，安心于柴米油盐的琐碎生活，忘记了身为女人，有权利去享受丰富多彩的生活。要想看清一切真实，就需要不断地去体验、去比较、去品尝新事物，不断刷新眼睛与心灵。

美国式生活让林徽因眼界大开，朋友们对此却有些担忧，徐志摩曾担心异国生活会宠坏林徽因，让她变得不像她。他说得对，可惜只说对了一半，她的确已不是最初的她，只是，三年的异域生活，没有将林徽因宠坏，反而通过增长的见闻，使她从北京四合院里那个爱做美梦，带着一丝虚荣的大小姐，蜕变成了可独当一面的女人。

行万里路，可以体验风土人情、文化传统、风俗习惯、美味佳肴、大好河山、酸甜苦辣……

旅途中的点点滴滴，那青的山、绿的水、从未看到过的动植物以及旅途中种种未知的一切，都充满新奇和充满乐趣。旅途中的观摩、游玩能丰富自己的知识，能开拓视野、丰富体验，增加经历。行万里路，收获的不仅仅是知识和技能，还有与人相处、独立思考和处理问题的能力。

从民国时代走来的文艺女青年们中，林徽因是个例外。站在梁启超、胡适、梁思成、徐志摩、金岳霖、费正清、沈从文等人中间，她用自己的学识，敏锐犀利地评述着中国古老的建筑与文学。

林徽因和梁思成到了云冈石窟，着手考察石刻艺术中所表现的北魏建筑。

那时的云冈因为地处偏僻，几乎没有什么游人。空旷的山崖上没有一棵树，田野里的庄稼也长得稀稀落落。在这里，林徽因和梁思成他们陷入了找不到住处的窘境。饭店、旅馆、公共设施，甚至连车马店也没有。他们只好住在农户家，房子没有门窗，没有一件家具，只剩下露天的屋顶和透风的四壁。

这里昼夜温差很大，中午穿单衣，夜里盖棉被还嫌冷。吃饭也就在农家搭伙，每天的主食都是煮土豆和玉米面糊糊，偶然吃到一点咸菜就算佐餐佳品。生活工作条件很差，但他们的工作情绪却很饱满。

他们考察了云冈诸窟的平面及其建筑年代，考察了石刻中所有表现的建筑形式。工作繁重而琐细，因为所有石窟的碑碣都已漫没不存痕迹，需要他们根据洞窟石刻的手法进行考证。但他们工作得认真而兴致盎然。

这只是林徽因走过的其中一站而已，从1930年到1945年，他们夫妻二人共同走了中国的15个省200多个县，考察测绘了200多处古建筑物，很多古建筑就是通过他们的考察得到了世界、全国的认识，比如河北赵州石桥、山西的应县木塔、五台山佛光寺等。而对山西的数次古建筑考察，使梁思成破解了中国古建筑结构的奥秘，完成了对《营造法式》这部"天书"的解读。

一个人若想得到大知识、大视野、大境界、大雄心、大成就，必须不停地走。一滴水，只有流动才能从溪到河，从河到江，从江到海。

走出去，可以接触到繁华与竞争，从而学会生存的技能；可以结识很多读过万卷书的人，得到提炼之后的营养；也可能遭遇很多敌人与坏人，从此明白人间正道是沧桑；还可能撞上很多机会，学会如何取舍……走出去，你会学到很多。

想知道苹果的味道，就自己去品尝。书上写得再好，视频上拍得再动人，别人说得再生动，都不如亲自品尝来得印象深刻，那就是人生体验。人的知识，一是源于学习别人的知识；二是源于自己的人生体验。过去知识贫乏，现在知识爆炸，所以，过去的人，体验多于知识，现在的人，知识多于体验。有的人喜欢学习书本知识，有的人喜欢体验式生活，前者想象力丰富，后者人生阅历广泛，往往阅历比想象更加重要。

世界究竟是何种面貌，需要女人自己去摸索。

困在一方小天地里的女人，久而久之，思维模式会变得固执而呆板，看待事物的眼光也是传统而短浅的。以前坚信的，或许并不完全正确，而一旦陷入自己判断中，看不到差别，也就无从看到真实。

作为女人，抽个时间，出去走走吧。将许久未能拥有的自由，还给身体和心灵。以新的姿态去迎接、去承受、去感受真实的世界和自我。

5.爱自己是万爱之源

女人总是要先爱自己，肯定自己，然后再把自己对别人的爱付诸行动。很多行为是以爱为名，实际上是一个人的占有欲和支配欲。爱不是在别人身上实现自己的梦想，也不是借助别人之手来满足个人的欲望，爱是肯定自己，尊重自己，庆祝自己，让自己的自由、快乐、幸福最大限度地实现。自己过得好了，才会珍惜这份自由，才能懂得如何去爱别人。所以，爱别人，要从爱自己开始。

林徽因同所有女子一样，骨子里涌动着浪漫的细胞，而能给她浪漫的，非徐志摩莫属，她对徐的浪漫多少是有些向往和怀念的。虽然故人已去，看一眼他的妻子儿女，姑且是一种精神上和心理上的满足，事实或许如此，但一个小女人的率性由此表露无遗。

林徽因虽然16岁时就吸引了徐志摩，她也拒绝了徐志摩，但却没有彻底地拒绝，而是保持着某种程度的暧昧。后来她也同金岳霖擦出了一些感情火花，但她不但获得了丈夫的"谅解"，又使得这位大哲学家能够活在自己的精神爱恋中并且不舍不弃。

一个思维缜密的女子，会天真无邪地把自己爱上别的男人的痛苦毫无保留地告诉给自己的丈夫吗？或许她是痛苦的，她也不想让这份痛苦折磨自己太久，于是把它"分享"给自己的丈夫。或许，她只是渴望一些浪漫的事发生在她身上，不希望平淡的生活将她的热情消磨殆尽。亦或许，她太了解自己的丈夫，她撒娇般地倾诉自己的心声，反而更能获得丈夫的体谅与信任。

事实上，面对两个优秀的男人，林徽因真的无从选择吗？她是个"爱我现在的家在一切之上"的人，以她的智慧，她不可能解决不了感情的选择问题，只是她讲出来之后，就取得了与金岳霖以朋友的身份光明正大相处的"豁免权"，再也不会为感情而纠结，可能这也是使她与梁思成、金岳霖"和平共处"几十年的一个原因。

很多人都说，林徽因是一个情感自私的女子，从爱情到婚姻，她在乎最多的是自己，别人都很少能进入到她的思维领域，无论是谁。

可这又怎样？没错，我们就是要爱自己。爱自己，她才能保证在诗人的疯狂追求下而独善其身，理智地选取自己需要的情感。这更是一种难得的真实,因为唯有完整了自己,才能有正确的抉择,也才能给他人以完整的爱与生活。

爱自己是万爱之源,这是世界上最伟大的一种爱。从出生时起,女人就用数不清的方式去追求爱。有时爱很微妙,就像我们给路人一个善意的微笑;有时爱会持续一辈子,给你长久的幸福;有时爱只把我们唤醒一会儿,就消失了。

有人用一生的大部分时间去追求爱,却很难认识到生活中最重要的东西:自己。要知道,女人一生中最重要的关系是和自己的关系,最需要爱的人也是自己。

只有做到爱自己,和其他人的关系才能真正算是一种爱的关系,而不是建立在需要、依靠、恐惧或不安全的感觉上。